Noor van Haaften

Die hellblauen Schuhe

Über die Autorin

Noor van Haaften, Jahrgang 1948, ist bekannt durch ihre zahlreichen Buchveröffentlichungen und Vortragsreisen. Die Niederländerin war in der christlichen Studentenarbeit in Österreich sowie als Moderatorin und Regisseurin beim niederländischen R/TV Sender EO tätig. Sie lebt in den Niederlanden.

Noor van Haaften

Die hellblauen Schuhe

und andere wahre Geschichten

GerthMedien

Inhalt

Vorwort

In diesem Buch finden Sie eine Sammlung von siebenundzwanzig kurzen Geschichten, die ich über einen Zeitraum von etwa zwei Jahren gesammelt habe. Sie sind eine Mischung aus Selbsterlebtem und Wahrgenommenem, ergänzt um vier Geschichten, die früher schon veröffentlicht wurden. Einige Geschichten kamen außerdem zustande nach dem Lesen einer Nachricht in der Zeitung oder in anderen Medien.

Ich schreibe dieses Vorwort in meinem Garten, wo immer viel zu erleben ist, wenn man sich aufmerksam umschaut. Das hat mich zum Beispiel zu den Geschichten »Zum Leben und zur Blüte berufen« und »Kleines Leben im Garten« inspiriert. »Holger« beschreibt kostbare Momente mit einem guten Freund, der demenzkrank war. In »Nur weitermachen!« werden ein weltberühmter Pianist und sein Publikum total überrascht, als ein kleiner Junge direkt vor Anfang des Konzerts auf das Podium klettert und mit zwei Fingern auf dem Flügel zu spielen beginnt. Ein besonderer Auftritt jüngeren Datums ist der von »Einundzwanzig Diakonissen im Boxring«. In »China« erleben Sie unvergessliche Kindheitserinnerungen sowie intensive Stunden an der Niederländischen Westküste.

Die Geschichten in diesem Buch sind abwechselnd humorvoll und ergreifend. Sie bringen ein Lachen hervor, manchmal aber auch Tränen. Und sie machen nachdenklich.

Ich wünsche Ihnen gute Lesestunden!

Noor van Haaften, Januar 2019

1. Ein Hochzeitsmahl für Obdachlose

Vor einigen Jahren brachte der Fernsehsender KTLA in Los Angeles eine auffallende Geschichte: In Kalifornien sollte eine Hochzeit stattfinden. Die Vorbereitungen liefen auf Hochtouren, als der Bräutigam sechs Tage vor dem großen Tag ankündigte, die Beziehung mit seiner 27-jährigen Braut beenden zu wollen.

Seine Entscheidung brachte nicht nur sie, sondern auch ihre Eltern in große Verlegenheit. Die Hochzeit war längst bekannt gegeben worden, das Brautkleid (und vieles mehr) war bestellt, die Gäste waren eingeladen. In einem äußerst vornehmen Hotel war ein Festessen für 120 Personen vorgesehen. Die Kosten für die Hochzeit betrugen umgerechnet etwa 25 000 €.

Einiges konnte noch abgesagt werden; das Brautkleid, das Hochzeitsessen, die Blumen und die geplante Hochzeitsreise nach Belize, einem Land am Karibischen Meer, konnte man aber nicht mehr stornieren.

Wir wissen, dass guter Rat teuer ist. In diesem Fall war er *sehr* teuer, denn es ging um ein kostspieliges Unternehmen, das den Betroffenen nicht nur Kummer, sondern auch viel Kopfzerbrechen bereitete. Das größte praktische Problem war wohl das feine Hochzeitsmahl im Hotel. Zu feiern gab es nichts mehr, den Gästen war abgesagt worden. Wohin nun mit dem vielen Essen?

In allem Elend kam der Moment, in dem den Brauteltern ein Licht aufging: Zum Festessen sollte man Leute einladen, für die ein so königliches Mahl in einem solchen wunderbaren Ambiente ein absoluter Traum sein würde. Es sollte ein Bankett sein für Obdachlose und andere Menschen am Rande der Gesellschaft.

Die Idee war prächtig und mag viele überrascht haben. Neu war sie aber nicht. Als Jesus auf dieser Erde lebte, erzählte er ein Gleichnis, in dem ähnliche Probleme auftraten wie in Sacramento. Auch hier ging es um eine Hochzeit, der Bräutigam war der Sohn eines Königs. Er sagte seine Hochzeit zwar nicht ab, dennoch drohte eine Katastrophe.

Als alle Vorbereitungen abgeschlossen waren (eine Hochzeit konnte in jener Kultur gut eine Woche dauern!), wurden die Gäste informiert, dass das Fest nun beginnen würde. In dem Moment geschah das Unvorhergesehene: Die Gäste blieben weg, weil sie anderes zu tun hatten. Der eine war auf seinem Acker beschäftigt, ein anderer musste sich um seinen Betrieb kümmern. Kurz gesagt: Den Geladenen war alles andere wichtiger als die Feier, auf der sie erwartet wurden.

Für ihren Gastgeber war diese Gleichgültigkeit und Ablehnung selbstverständlich eine große Provokation. Dennoch warf er nicht das Handtuch, sondern traf rigorose Maßnahmen: er beauftragte seinen Knecht, sich auf den Weg zu machen und alle Leute einzuladen, die er finden konnte. Der Knecht hatte einfach dafür zu sorgen, dass der Saal voll wurde.

In Kalifornien ging man ebenfalls in die Stadt und lud Obdachlose zum Festessen ins Hotel ein. Es kamen fast hundert Personen – darunter ältere Menschen, Alleinstehende und ganze Familien. Sie nahmen Platz an fein gedeckten runden Tischen und gingen so oft, wie sie nur wollten, zum Buffet, wo sie ihre Teller bis zum Rand mit Köstlichkeiten füllten.

Es war für sie alle wie ein Traum. Und für die Familie der Braut ein Erlebnis, das sie nie vergessen werden. »In aller Not erfuhren wir Freude, aus dem Schlimmen kam Gutes«, sagte die Mutter.

Am Tag nach dem Festmahl fuhren Mutter und Tochter auf Hochzeitsreise. Die Blumen gingen an ein Pflegeheim.

Das Reich der Himmel gleicht einem König,
der für seinen Sohn das Hochzeitsfest veranstaltete.
Und er sandte seine Knechte aus,
um die Geladenen zur Hochzeit zu rufen;
aber sie wollten nicht kommen.
Matthäus 22,2–3

2. Das Wasserballett

Am Samstag habe ich zum ersten Mal einen Rohrbruch im eigenen Haus erlebt. Als ich gegen 18 Uhr aus dem Garten in die Küche kam, hörte ich ein bedrohliches Geräusch, das mich an die Krimmler Wasserfälle in Österreich erinnerte. Nun, in Österreich war ich nicht, ein Wasserfall war aber da, und zwar drang er mit Gewalt durch die Spalten der Tür des Zählerschranks, hinter dem sich das Wasserrohr befindet. Der Flur, das WC und ein Teil des Wohnzimmers waren schon überschwemmt. In meinem geräumigen Keller stand das Wasser über zehn Zentimeter hoch.

Ich stand einen Moment fassungslos im Gang, dann rannte ich zum Schrank, öffnete die Tür und wurde gleich von Wasserfluten überschüttet. Es dauerte einige Sekunden, bis ich mich zusammenriss und den Haupthahn der Wasserleitung zudrehte. Als ich das vollbracht hatte, stand mir im Spiegel im Flur eine völlig durchnässte

Figur gegenüber, die ich kaum als mich selbst erkannte. Ich gratulierte uns: Wir hatten Großes vollbracht.

Nun waren weitere Schritte dran, und so rief ich zuerst einen Nachbarn an, dann die Firma, die verantwortlich ist für die Wasserversorgung, dann eine Freundin. Der Nachbar kam und sah sich die Katastrophe an. Er seufzte, sprach mir sein Beileid aus, wünschte mir alles Gute und ging heim. Die Wasserwerke versprachen, ihren Notdienst zu benachrichtigen. Die Freundin machte sich gleich auf den Weg zu mir.

Im Haus sammelte ich Scheuerlappen und Handtücher zusammen, aus der Garage holte ich Gummistiefel, Eimer und Besen. Dann machte ich mir einen starken Kaffee, was in verheerenden Situationen immer unheimlich trostreich ist. Ich brauchte tatsächlich Trost. Und Kraft, denn das Chaos war überwältigend.

Bald darauf startete ein Wasserballett. Die gefällige Freundin kam, blickte in den Keller, zog ihre Schuhe aus, ging die Treppe hinab, rutschte vor lauter Aufregung auf den letzten Stufen aus und glitschte direkt ins Wasser. Sie verbrachte den Rest des Tages in einem Nachthemd, weil keine Kleidung in ihrer Größe bei mir vorhanden war.

Warum ich selbst meine nasse Kleidung anbehielt, weiß ich bis heute nicht. Rückblickend vermute ich, dass ich vielleicht doch etwas aus der Fassung geraten war.

Außerdem sah ich so, ganz durchnässt, richtig abenteuerlich aus. Als hätte ich eine Wasserschlacht überstanden oder mich mit knapper Not aus einem wilden Strom befreit. Diese Gedanken munterten mich richtig auf: Ich war eine Heldin, ich hatte mich über Wasser gehalten, ich war mit allen Wassern gewaschen.

Der Mann von der Wasserversorgung kam und installierte eine Pumpe im Keller. Es folgte eine lange Nacht, in der das Wasser hochgepumpt wurde, während ich draußen im Dunkeln verbissen gegen die Wasserfluten kämpfte, die nach außen quollen, aber fest entschlossen waren, direkt wieder ins Haus zurückzuströmen. Meine Pflanzen im Garten werden positiv überrascht gewesen sein von der üppigen Versorgung in diesen nächtlichen Stunden.

Die unglückliche Freundin, die Opfer des Aquaplaning auf der Kellertreppe gewesen war, machte bei allem tapfer mit. Sie hatte ihre schmerzenden Gelenke mit Salbe eingerieben und Schmerztabletten genommen.

Am Sonntag kamen nach dem Gottesdienst weitere Hilfstruppen angestürmt. Gemeinsam haben wir dann durchnässte Vorhänge, Schachteln voller Dinge, die ich längst hätte aufräumen sollen, Bergschuhe und alles, was sonst im Keller unter Wasser geraten war, hochgeschleppt und zum Trocknen in den Garten gestellt. Andere

Sachen haben wir in der Garage in Sicherheit gebracht und das, was rettungslos verloren war, zur Entsorgung bereitgestellt. Danach hat im Haus das große Putzfest begonnen.

Wir haben miteinander tolle Stunden erlebt und viel gelacht. Verschwitzt und schmutzig haben wir einander »Friends forever!« zugesagt. Ein zwölfjähriges Mädchen hat im Garten Legoteile und sonstiges Spielzeug, das sich im Keller befunden hatte, abgetrocknet, während ihre Mutter uns mit Brot und Getränken versorgt hat. Eine junge Frau aus meiner Gemeinde, die spontan vorbeikam, weil sie Seelsorge brauchte, hat in dem ganzen Trubel geweint und ist dann erleichtert wieder nach Hause gegangen. Später am Nachmittag sind noch mehr Freunde aufgetaucht und haben Leckeres mitgebracht. Anders gesagt: Über allem Elend ist die Sonne aufgegangen.

Heute ist Montag. Es ist der Tag des Muskelkaters, der Schadensmeldung bei der Versicherung und der nötigen Reparaturen. In den Telefonkabeln hat es einen Kurzschluss gegeben, auch das Internet ist außer Betrieb. Die ersten Monteure waren schon da, ich warte auf die nächste Truppe.

Die hilfsbereitete Freundin ist unterwegs zum Physiotherapeuten. Es haben sich beeindruckende blaue Schwellungen auf ihren Armen gebildet und mit ihrer

Schulter ist auch etwas nicht in Ordnung, sie kann nicht mehr aufrecht gehen. Beim Abschied hat sie aber tapfer »Friends forever!« gesagt. Wenn es ihr nach der Physiobehandlung nicht besser geht, lade ich sie ein, sich einige Tage bei mir zu Hause zu erholen. Dann werde ich eine Flasche selbst gemachten Obstsaft (oder auch Wein) aus dem trockenen Keller holen und mit ihr anstoßen.

Ein Freund ist jemand, der weiß,
dass man ihn gerade braucht.
Oscar Wilde
(irischer Lyriker, Dramatiker und Bühnenautor,
1854–1900)

3. Wenn das Hören schlechter wird

Ich habe heute eine schlechte Nachricht bekommen.« Die Stimme am Telefon klingt betrübt.
In der Stille, die nun folgt, ziehe ich unwillkürlich meine Schultern hoch, als wolle ich mich gegen einen kalten Windstoß wappnen. Ich habe in letzter Zeit zu viele schlechte Nachrichten erhalten: Es sind drei Personen in meinem direkten Umfeld gestorben. Der Jüngste dieser drei hatte kurz zuvor seinen 50. Geburtstag gefeiert, seine Kinder wohnen noch zu Hause. Der Zweite ist mit 58 Jahren gestorben, der Dritte war knapp über 70. Und jetzt scheint bei meiner Bekannten auch etwas Schlimmes vorgefallen zu sein …

Ich hole tief Luft. »Was ist los?«, frage ich. »Was für eine schlechte Nachricht hast du bekommen?«

Durchs Telefon kommt mir ein tiefes Seufzen entgegen. Dann erklärt eine zitternde Stimme: »Ich war beim Arzt …« Es bleibt wieder einen Moment still, bevor meine Gesprächspartnerin fortfährt: »Ich brauche ein Hörgerät …«

Während ich erleichtert aufatme, versuche ich, ohne Laut zu grinsen. »Ein Hörgerät«, sage ich. »Das ist sowohl eine schlechte als auch eine gute Nachricht. Schlecht ist, dass du anscheinend nicht mehr gut hörst; gut ist, dass es dafür eine Lösung gibt!«

Wieder Stille. Dann: »Aber ich bin viel zu jung für ein Hörgerät!«

»Zu jung?«, erwidere ich munter. »Du bist, wenn ich mich nicht irre, inzwischen über siebzig. Ich kenne viel jüngere Menschen, die nicht ohne Hörgerät auskommen. Sag, bist du in deinen jungen Jahren vielleicht oft in einer lauten Disco gewesen?«

Au, das kommt schlecht an, ist überhaupt nicht witzig.

»Entschuldige«, füge ich schnell hinzu. »Das hätte ich nicht sagen sollen, das war unangebracht …«

Wieder ertönt ein Seufzer. »Ich musste weinen«, dringt aus dem Telefon. Meine Bekannte sagt nicht einfach »weinen«, sie macht das Wort ganz lang: »weieieieieieieinen«. Es ist ihr ernst, das ist klar.

»Hör mal«, antworte ich. »Es ist natürlich ein Schock, wenn man erfährt, dass man nicht mehr gut hört und deshalb ein Hörgerät braucht. Es tut mir auch wirklich leid, dass dieser Schritt für dich dran ist. Allerdings ist es ganz biblisch: Wir bauen ab. Der Apostel Paulus sagt, dass unser äußerer Mensch allmählich verfällt.* Die Sicht wird schlechter, das Hören auch. Die Knie protestieren, der Rücken tut weh, das Haar wird dünn, es kommen Gebrechen. Wir sind sterbliche Wesen.

Die gute Nachricht aber ist, dass uns Hilfsmittel zur Verfügung stehen, die einiges, was verfällt, ›reparieren‹ oder sogar ersetzen können. Und – das ist noch viel wichtiger! – dass der innere Mensch nicht unbedingt mit abbaut, sondern in jedem Alter noch erneuert werden kann. Nicht durch künstliche Mittel, sondern durch das Werk des Heiligen Geistes. Ihm kommt es in erster Linie darauf an, dass wir nicht in geistlicher Hinsicht schwerhörig werden, sondern lernen und üben, seine Stimme zu hören. Dass wir eine Antenne für Gottes Wirklichkeit entwickeln.

Gott will uns dabei helfen, dafür können wir doch wirklich danken! Und auch dafür, dass er unsere Umstände, Sorgen und Ängste kennt und uns einlädt, mit allem, was uns bewegt oder belastet, zu ihm zu kommen. Wir dürfen unser Heute und unser Morgen (inklusive unserer gesundheitlichen Probleme) voller Vertrauen in seine Hände legen. Das gilt auch für dein Hörproblem!«

* Siehe 2. Korinter 4,16; Lutherübersetzung

»Ich muss das alles erst mal ›sinken‹ lassen«, sagt meine Bekannte. »Mein Mann hat ja schon seit Jahren ein Hörgerät, da habe ich mir eigentlich nie etwas dabei gedacht. Aber, weißt du, diese Dinger sind so furchtbar siiiiiichtbar! Das ist für eine Frau doch noch viel peinlicher …!«

»Warte jetzt erst mal ab«, antworte ich. »Die heutigen Hörgeräte sind so genial gemacht, dass man sie kaum sieht. Und wenn sie dich trotzdem stören, dann ist es vielleicht Zeit für eine neue Frisur. Bedecke deine Ohren, oder schaff dir eine so wilde Brille an, dass diese alle Aufmerksamkeit auf sich zieht.«

Ich bin froh, dass meine Bekannte nun wieder lachen kann. Wir plaudern noch ein bisschen, dann geht unser Gespräch langsam zu Ende und wir verabschieden uns.

Einige Wochen später kommt ein Bericht per Mail: »Liebe Noor, seit gestern trage ich das Hörgerät und bin baff. Bisher habe ich meinen Mann immer ermahnt, lauter zu sprechen. Nun bitte ich ihn, leiser zu reden. Ich wusste gar nicht mehr, dass Papier raschelt, oder auch meine Daunenjacke, wenn ich im Auto darauf herumrutsche. Ich muss mich allerdings an diese ›laute Welt‹ erst ein wenig gewöhnen. Am Freitag nächster Woche habe ich wieder einen Termin bei dem Gehörspezialisten; ich glaube, dass die Lautstärke ein wenig reduziert werden kann. Das Ganze ist eine Offenbarung: Ich höre die Flöhe husten! Ich bin dem Herrn so dankbar, wieder gut hören zu können.«

Er (Gott) weckt Morgen für Morgen, ja, er weckt mir das Ohr, damit ich höre, wie Jünger hören.
Jesaja 50,4

4. Gibt's hier auch 'nen Vater?

Es ist schon etliche Jahre her, dass ich eines Tages beim Bügeln ein lautes, rhythmisches Poltern an meiner Haustür hörte. Als ich zum Fenster ging, um nachzusehen, was los war, sah ich ein kräftig gebautes Bürschchen von etwa vier Jahren, das auf dem Treppenabsatz auf- und absprang in dem Bemühen, die Klingel zu erreichen. Es war der Sohn einer Familie, die vor nicht allzu langer Zeit in ein Haus gezogen war, das ein Stückchen weiter oben an unserer Straße lag.

Überrascht öffnete ich die Tür in der Erwartung, dass wir ein Schwätzchen miteinander halten würden. Ich bekam jedoch nicht die Chance, etwas zu sagen. Mit der schlichten Mitteilung »Ich hab dein Haus noch nicht gesehen!« trat der Kleine beherzt über die Schwelle. Es war offenbar nicht seine Art, um den heißen Brei herumzureden, und nun war es an mir, auf seine Mitteilung zu reagieren.

Da ich gerade beschäftigt war, zeigte ich ihm die Treppe und lud ihn ein, mein Haus selbst in Augenschein zu nehmen und im oberen Stockwerk zu beginnen. Der Vorschlag fiel auf fruchtbaren Boden. Das Bürschchen verschwand nach oben, und bald hörte ich an seinen Schritten, wie er durch die Räume ging.

Als er genug gesehen hatte, kam er wieder nach unten, marschierte ins Wohnzimmer, baute sich vor mir auf, stemmte die Hände in die Hüften und sagte: »Du hast oben ein Zimmer mit Spielsachen, aber wo sind die Kinder?«

Ich erzählte ihm, dass ich selbst keine Kinder habe, mein Gästezimmer jedoch mit einem Kinderbett und Spielsachen ausgestattet hatte, für den Fall, dass Kinder bei mir übernachten.

Diese Erklärung stimmte ihn ein bisschen nachdenklich und veranlasste ihn zu der Frage: »Gibt's hier auch 'nen Vater?«

Wiederum musste ich ihn enttäuschen. Ich schüttelte den Kopf und sagte: »Nein, den gibt's hier nicht.«

Der Kleine war etwas verlegen – er witterte ein großes Problem. Seine unbefangene Frage hatte ihn in eine unerwartet prekäre Situation gebracht. Um sich ein bisschen Zeit zum Nachdenken zu geben, überlegte er sich ein großartiges Ablenkungsmanöver. Er lief zu meinem großen, bunten Chesterfield-Sessel, einem überdimensionalen Möbelstück, dessen Rücken- und Armlehnen eine einzige Linie bilden, und sagte: »Du hast aber ’nen komischen Sessel!«

Während er einen Schritt zurückmachte, um ihn noch einmal gut anzuschauen, klopfte ich liebevoll auf die hohe Lehne. »Das siehst du falsch«, sagte ich dann. »Das ist ein besonderer Sessel, in dem ich mich ganz und gar verstecken kann.«

Ich sah, wie es in ihm arbeitete, während er mich von Kopf bis Fuß musterte. »Da passt du gar nicht rein«, sagte er entschieden. Dann nahm er einen kleinen Anlauf und sprang mit dem Kopf zuerst in den Sessel hinein. Als Nächstes wand er sich hin und her, rollte sich zusammen und versuchte nach Kräften, sich in dem Sessel zu verstecken. Schließlich stand er auf dem Kopf, eine beklemmende Position, die ihm den Atem nahm. Während sich seine Gesichtsfarbe langsam, aber sicher in Richtung Lila veränderte, dachte er offensichtlich angestrengt nach. Über das Dilemma des nicht vorhandenen Vaters. Kein Vater, keine Kinder, aber Spielsachen.

Es dauerte ein bisschen, dann kam sein folgender Kommentar. Es kostete sichtlich Mühe, denn der Kleine bekam nicht gut Luft, was ihn aber nicht am Sprechen hinderte. »Weißt du, was schlimmer ist?«, presste er hervor. Ich überlegte. Schlimmer als was? Schlimmer, als alleine zu leben und keine Kinder zu haben? Ich schüttelte den Kopf und wartete auf die Antwort. Und sie kam, in kindlicher Einfalt und Weisheit: »Wenn die Leute sich scheiden lassen.«

Jetzt war es heraus. Das Bürschchen arbeitete sich ein wenig benommen aus dem großen Sessel heraus, zog sich die Kleider zurecht und lief zur Haustür. »Tschüss!«, sagte er. Es gab keinen Grund, länger zu bleiben. Er hatte gesehen, was es zu sehen gab, und gesagt, was er zu sagen hatte. Ich machte die Tür auf und ließ ihn hinaus.

Sowohl die Familie als auch ich sind inzwischen weggezogen. Aus den Kindern sind junge Erwachsene geworden. Der kleine Bursche von damals hat wahrscheinlich ein Studium aufgenommen oder ist schon berufstätig. In meinem neuen Haus ist das Gästezimmer eher auf Erwachsene eingerichtet, auch wenn Kinderbett und Spielsachen immer noch in Reichweite sind.

Es hat sich viel verändert, aber eins nicht: Eine Scheidung ist und bleibt eine traurige Sache.

Nein, nicht nur die Betagten sind weise;
man muss nicht im vorgerückten Alter sein,
um zu begreifen, was richtig ist.
Hiob 32,9 (Hfa)

5. Anruf in der Nacht

Es ist gegen Mitternacht, als mein Telefon klingelt. Ich bin schon im Bett, schlafe aber noch nicht. Weil es so spät ist, zweifle ich kurz, ob ich reagieren soll, dann aber hebe ich ab. Es könnte ja ein Notfall sein.

Es meldet sich ein junger Mann. Er entschuldigt sich dafür, dass er mich so spät stört, dann stellt er sich vor. Er ist ein europäischer Lkw-Fahrer und gerade mit einer Ladung im Süden unterwegs.

»Ich stehe auf einem großen Parkplatz an der Autobahn«, sagt er mir. »Ich werde die Nacht hier verbringen, morgen geht es weiter.« Er zögert einen Moment, dann fährt er fort: »Heute habe ich mir unterwegs einen Vortrag von Ihnen angehört. Ich habe die CD bei einer Jugendorganisation bestellt, wo Sie öfters ein Bibelreferat halten. Bibelvorträge sind für mich Nahrung unterwegs, ich habe immer mehrere CDs in der Kabine meines Lkws. Wissen Sie, ich fahre ohne Beifahrer, das kann manchmal sehr einsam sein. Zwar treffe ich, wenn ich unterwegs Pause mache, andere Lkw-Fahrer, aber die Gespräche sind meistens oberflächlich. Mir fehlt die Gemeinschaft mit Christen.«

Inzwischen bin ich hellwach. Dass die Jugendorganisation meine Telefonnummer bekannt gegeben hat, ist zwar nicht in Ordnung, in diesem Fall aber finde ich es nicht so schlimm. Während ich in meinem warmen Bett liege, steht dieser unbekannte junge Mann irgendwo alleine auf einem Lkw-Parkplatz. Dass er sich bei mir gemeldet hat, zeigt, dass er sich verloren fühlt und ein Gespräch braucht. Es ist gut, dass er den Mut gefunden hat, mich anzurufen.

In unserem kurzen Gespräch versuche ich, meinen unbekannten Gesprächspartner zu ermutigen. Wir reden über seine Familie und über seinen Glauben. Ich sage ihm, dass es eine gute Idee ist, sich unterwegs CDs anzuhören, die ihn geistlich stärken. Er bekommt auf diese Weise Nahrung für seine Seele. Ich hoffe allerdings, dass er beim langen Zuhören nicht dösig wird …! Er lacht und bestreitet das; die Botschaften seien eher anregend als einschläfernd.

Während wir noch ein wenig weiterplaudern, frage ich ihn, ob er nicht auch mal gehört hat, dass es eine Organisation für christliche Lkw-Fahrer geben soll? Wenn das tatsächlich so wäre, könnten sich dadurch vielleicht Kontakte mit anderen gläubigen Lkw-Fahrern ergeben. Es sollte aber nicht so sein, dass er dadurch den Kontakt mit ungläubigen Kollegen verliert. Anstatt sich in den Truckercafés zurückzuziehen, könnte er Interesse zeigen am Leben seiner Kollegen und mal nachfragen, wie es ihnen persönlich geht. Er könnte ihnen zum Segen werden. Ob er Menschen hat, die für ihn beten?

Es ist etwa zwanzig Minuten nach Mitternacht, als wir unser Gespräch beenden. Ich wünsche dem jungen Mann eine gute Nacht und sage ihm zum Abschied, dass er gut auf sich aufpassen und vorsichtig fahren soll. Danach geht bei mir das Licht aus, einschlafen kann ich aber nicht gleich.

Mich beschäftigen die Erfahrungen des jungen LKW-Fahrers. Er ist offensichtlich einer, der seinen Glauben ernst nimmt. Er sehnt sich danach, geistlich zu wachsen. In seiner Heimat besucht er christliche Veranstaltungen für junge Erwachsene. Unterwegs hört er Bibelreferate in der Kabine seines Lkws. Ich vermute, dass er als solcher in der Truckerwelt eine Ausnahme (wenn nicht ein Fremdkörper) ist. Wie soll er sich zurechtfinden? Wie soll er Anschluss finden in den Treffpunkten für Lkw-Fahrer?

Die Gespräche mit anderen Fahrern sind meistens oberflächlich, hat er gesagt. Das geht auch fast nicht anders, wenn man sich nur kurz und vielleicht auch nur einmalig trifft. Dann wird ausgetauscht über Verkehrsprobleme oder Arbeitsbedingungen, vielleicht redet man in abendlichen Stunden von Erlebnissen in fernen Ländern, von unzähligen Kilometern über einsame Wege durch unwirtliche Gebiete, von Erfahrungen mit blinden Passagieren oder von verlorenen Tagen und verdorbenen Ladungen, weil man nicht durchgelassen wurde bei einem Grenzübergang.

»Mir fehlt die Gemeinschaft mit Christen«, hat der junge Fahrer gesagt. Und ich habe ihn gefragt, ob es Menschen gibt, die für ihn beten. Ja, man soll dafür beten, dass er seinen Glauben bewahrt und lebt. Und dass er sich seiner Berufung bewusst ist. Als Christ steht er vor der Herausforderung, in der Welt, aber nicht von der Welt zu sein. Um als Jünger Jesu und als sein Gesandter auf dieser Erde – in seinem Fall in der Truckerwelt – zu leben.*

Der Anruf des Truckers hat mich etwas aus der Fassung gebracht. Ich bin verwundert und dankbar, vor allem aber verwundert. Ich wäre doch wirklich nie auf den Gedanken gekommen, dass CDs meiner Bibelvorträge in einer Lkw-Kabine landen könnten, nie! Und auch

* Joh. 17,16–18

nie, dass das zu Mitternacht zu einem überraschenden Gespräch führen würde.

Unser Gott ist ein kreativer Gott, der Wege geht, die wir uns nie erträumen würden. Ich danke meinem Herrn für das Wunder, dass ein junger Lkw-Fahrer unterwegs nicht einfach das Radio einschaltet, damit die Kabine mit Musik und Stimmen gefüllt ist, sondern dass er bewusst nach einem Programm sucht, das seiner Seele guttut. Ich bete für ihn, dass Gott ihn bewahrt und ihm Menschen auf den Weg sendet, mit denen er über die Dinge sprechen kann, die zum Leben wichtig sind. Und, dass er seinen Kollegen zum Segen wird.

Wie unerforschlich sind Gottes Wege!
nach Römer 11,33

6. Einundzwanzig Diakonissen im Boxring

In Elbingerode im Harz entstand 1920 eine Diakonissen-Gemeinschaft, zu der heute noch gut 150 Diakonissen zählen, von denen etwa 15 Prozent unter 65 Jahre alt sind. Die Häuser des Gemeinschaftsverbandes stehen auf einem großen Gelände. Im Haupthaus befinden sich u. a. Wohnräume für die Diakonissen, eine Küche und ein Speisesaal, verschiedene Aufenthaltsräume, ein Konferenzsaal und sowohl eine Kapelle als auch eine Kirche. Weitere Häuser bieten zusätzlich Raum für Diakonissen und für Gäste, 2015 wurde außerdem ein Neubau für pflegebedürftige Menschen errichtet.

Vor etwa 40 Jahren hat sich aus kleinen Anfängen ein suchtmedizinisches Zentrum entwickelt, das sich in unmittelbarer Nähe des Mutterhauses befindet. Die Diakonissen freuen sich über dieses Werk und haben einen guten Draht zu den Patienten. Diese kommen öfter zu den Gottesdiensten, sind bei Vorträgen anwesend oder halten ein Schwätzchen mit der einen oder anderen Diakonisse. Es ist ein herzliches Hin und Her.

Eines Tages meldete sich ein ehemaliger Patient bei der Oberin des Mutterhauses mit einer Bitte. Er war Boxer und hatte während seines Aufenthaltes in der Suchtklinik öfter am Gottesdienst im Mutterhaus teilgenommen. Besonders beeindruckt hatte ihn dabei der Schwesternchor: 21 Diakonissen, viele von ihnen bereits in vorgerücktem Alter, die unter der begeisterten Leitung einer 75-jährigen Schwester aus voller Kehle ihre Lieder sangen.

Das Anliegen des Boxers hatte nun mit diesem Schwesternchor zu tun: Er bat darum, dass die Diakonissen direkt vor seinem nächsten Kampf im Boxring in Wernigerode auftreten würden. Es sei, so sagte er, üblich, dass sich die Boxer für den Abend ihres Kampfes eine Musik aussuchten, und er wünschte sich eben den Schwesternchor.

Die Oberin war zwar etwas überrumpelt von dieser ungewöhnlichen Bitte, jedoch grundsätzlich offen für die Idee. Daher verblieben sie zunächst so, dass sie mit dem Chor und seiner Dirigentin sprechen würde.

Unter den Diakonissen reagierten erstaunlicherweise vor allem die älteren Schwestern positiv, während die jüngeren etwas mehr Zeit brauchten, um sich an die Idee eines Auftritts im Boxring zu gewöhnen. Nach mehreren Diskussionen aber waren die Chorsängerinnen sich einig:

Sie würden diese Herausforderung annehmen. Man sah im Auftritt für Boxer und ihre Fans eine Chance, Gott zu ehren.

Der Boxer bekam also eine Zusage. Es gab nur eine Bedingung: Die Schwestern wollten nicht vor den Augen aller Anwesenden durch den Saal marschieren müssen, sondern möglichst unauffällig zum Platz ihres Auftritts gelangen. Das sei, meinte der Boxer, kein Problem.

Es war an einem Samstagabend, als 21 Diakonissen, ihre Oberin und der Direktor des Mutterhauses durch einen dunklen Hintereingang in den Raum gelotst wurden, wo sie direkt vor dem Start des Boxkampfs singen sollten. Das Podium für beide – Chor und Boxer – war der Boxring, der wie üblich durch dicke Seile begrenzt war. Rundherum befanden sich die Tribünen voller Zuschauer.

Während der Moderator des Abends mit lauter Stimme »U-n-s-e-r-e Di-a-ko-ni-ssen« ankündigte, erschienen die Schwestern und kletterten nacheinander zwischen den Seilen hindurch, die einige Männer für sie nach oben bzw. unten zogen. Das lief leider nicht ganz wie geplant: Ein Seil riss aus der Verankerung, und der Boxer, der seinen musikalischen Wunsch vor dem Publikum begründen sollte, verschwand blitzschnell, um für Reparatur zu sorgen.

Man wartete nicht auf ihn: Der Direktor des Mutterhauses sprang spontan für ihn ein und kündigte den Schwesternchor und ihre Lieder an. Die Diakonissen ordneten ihre Röcke und Hauben und stellten sich in Reih und Glied im Boxring auf. Die Chordirigentin hob die Hände und das erste Lied wurde angestimmt.

Der *Sister Act* der 21 Schwestern stellte eine höchst ungewöhnliche, aber absolut erfolgreiche Premiere dar. Der Beifall der Anwesenden war überwältigend.

Als die Diakonissen nach ihrem Abenteuer auf dem Parkplatz standen und noch ein wenig miteinander redeten, hielt ein Auto neben ihnen. Der Fahrer öffnete das Fenster und sagte: »He, Schwestern, wenn ihr zum Boxen gehen wollt, ist der Eingang dort drüben!«

Die Oberin nickte ihm freundlich zu. »Wir kommen von dort«, erklärte sie. Der Mann aber erwiderte: »Was ich meinte, ist, dass der Boxkampf in dem Gebäude hinter euch stattfindet!«

»Das weiß ich doch«, sagte die Oberin. »Da waren wir ja gerade und haben gesungen!« Der Fahrer sah sie verblüfft an. »Eigentlich wollte ich Sie auf den Arm nehmen, aber dieser Schuss ist offenbar nach hinten losgegangen!« Er kurbelte das Fenster hoch und brauste davon.

Die Diakonissen kehrten mit ausgezeichneter Laune nach Elbingerode zurück. Dort redet man immer noch von dem besonderen Auftritt des Schwesternchors im Boxring in Wernigerode. Der Boxer, der sich das gewünscht hatte, hat übrigens an diesem Abend den Kampf gewonnen.

Singt dem Herrn, preist seinen Namen …
Erzählt unter den Heiden von seiner Herrlichkeit.
Psalm 96,2–3

7. Tim

Er wurde gegen Ende des Zweiten Weltkrieges geboren, in dem Monat, als die Niederlande von der deutschen Besatzung befreit wurden. Er war ein unerwünschtes Kind. Dass er mit einer Gehirnschädigung zur Welt kam, machte sein Kommen noch schlimmer.

Kindheit und Jugend waren keine glückliche Zeit für ihn. Zu Hause war er ungeliebt, draußen wurde er gehänselt, weil er eine Sonderschule besuchte. Er hat es aber geschafft und auch ein Handwerk gelernt.

Ich lernte ihn kennen, weil er in dieselbe christliche Gemeinde ging wie ich. Er war ein lieber Mensch, jedoch im zwischenmenschlichen Bereich etwas ungeschickt und teilweise grob in seinem Reden. Ihm fehlte ein gewisses Feingefühl im Umgang mit Menschen. Er sagte unverblümt seine Meinung und konnte dabei sehr bestimmend sein.

Manchmal musste man ihn ermahnen, weniger laut

und nachdrücklich zu sprechen. Oder, im Gottesdienst weniger laut und lange zu beten. Und dabei nicht allerlei Details über den persönlichen oder auch den körperlichen Zustand der betreffenden Personen preiszugeben, denn er betete gerne detailliert, als wüsste Gott nicht ganz, worum es ging. Die Korrektur konnte er ohne Protest annehmen, obwohl ich den Eindruck hatte, dass er sie nicht immer verstand.

Tim lebte eine Zeit lang alleine in einer kleinen Wohnung über einem Geschäft. Das ging – mithilfe von Freunden aus der Gemeinde – relativ gut, bis er eines Tages mit dem Fahrrad stürzte, wobei er mit dem Kopf auf die Straße prallte. Nach diesem Unfall hatte er öfter epileptische Anfälle, und es fiel ihm immer schwerer, seinen Alltag zu bewältigen.

Ein Ehepaar aus der Gemeinde entschied sich, ihn fest zu betreuen, und sie taten das mit Hingabe: Sie kümmerten sich um vielerlei praktische Sachen, brachten Tim zum Beispiel zum Arzt, kauften für ihn ein und luden ihn regelmäßig zum Essen ein. Im Laufe der Zeit aber wurde immer deutlicher, dass Tim nicht mehr alleine leben konnte.

Zwei Mal stand das Ehepaar vor seiner Tür und wurde nicht eingelassen, weil Tim sich für das Chaos in seiner Wohnung schämte. Durchs Fenster sahen sie, dass der Boden des Wohnzimmers bedeckt war mit schmutziger Kleidung und allerhand Abfall: leere Milchkartons, Dosen und Flaschen, Zeitungen und Werbedrucksachen, Teller mit Essensresten – alles lag durcheinander.

Das erste Mal konnten die beiden Tim noch dazu überreden, ihnen die Tür aufzumachen, und es wurde aufgeräumt. Beim zweiten Mal waren sie allerdings gezwungen, ein Fenster einzuschlagen, um sich Zugang zu Tims Wohnung zu verschaffen. Sie fanden ihn im Wohnzimmer, wo er sich wie ein Häufchen Elend auf dem Fußboden zusammengekauert hatte. Während sie aufräumten, weinte er leise vor sich hin.

Anschließend wurde es nur noch schlimmer, und so wurde eines Tages entschieden, für Tim eine Unterkunft mit Betreuung zu suchen. Nach einer ersten unglücklichen Erfahrung kam er in ein christliches Pflegeheim. Dort wurde er – wegen Platzmangel – vorübergehend auf einer Station für Menschen mit schweren Gehirnschäden untergebracht. Es war nicht der geeignete Platz für Tim, doch es gab keine andere Möglichkeit. Man versprach ihm, ihn auf eine andere Station zu verlegen, sobald ein entsprechender Platz frei wäre.

So weit kam es aber leider nicht: Tim starb etwa eine Woche vor diesem so erwünschten Umzug. Man kann es übrigens auch anders sagen: Für Tim kam an diesem

Tag der beste aller Umzüge, denn er wurde von seinem himmlischen Vater heimgeholt.

Am Tag der Beerdigung fand in der Kapelle des Pflegeheims eine Abschiedsfeier statt. Es waren eine Handvoll Patienten von seiner Station, einige seiner Betreuer und ein paar Mitglieder unserer kirchlichen Gemeinde anwesend. Insgesamt waren wir nicht viele, aber die, die da waren, hatten Tim lieb gehabt.

Im Saal war es still, bis die Träger mit dem Sarg ankamen. Als sie durch den Mittelgang nach vorne schritten, begann ein lautes Wehklagen. Tims Mitbewohner waren hirngeschädigt wie er; die meisten konnten nicht sprechen, trauern aber konnten sie. Und es tat gut sie zu hören und zu sehen. Denn Tim war ein wertvoller Mensch, ein geliebtes Kind Gottes. Dass er trotz seiner ungeschickten Art anderen im Pflegeheim zum Segen geworden war, wurde uns an diesem Tag deutlich.

Als einer seiner Betreuer zu Wort kam, sprach er mit Bewunderung und Respekt über diesen Menschen, der schwierig sein konnte, aber bei jeder gemeinsamen Mahlzeit laut und leidenschaftlich betete, für einzelne Menschen und für die ganze Welt. Seine Gebete waren nicht förmlich, sondern sie kamen von Herzen; es waren ungezwungene Gespräche mit seinem himmlischen Vater, der ihm vertraut war.

»Wir waren immer wieder erstaunt über seine Beredtsamkeit und sein Herz für andere Menschen«, sagte uns der Betreuer. »Am Anfang fragten wir uns, ob Tim in früheren Jahren vielleicht Pfarrer gewesen war und sich dann durch einen Unfall eine Gehirnschädigung zugezogen hatte. Wir waren auch sonst sehr beeindruckt von Tims Art. Jeden Abend, wenn man ihn ins Bett brachte, fragte er nach, ob wir wüssten, ob er an dem Tag vielleicht jemanden gekränkt hatte. Er bat uns um Vergebung für eventuelle Übertretungen oder Ungeschicklichkeit seinerseits. Und dann fragte er uns, ob er uns segnen dürfe. Und so wurden wir jeden Abend von ihm gesegnet.«

Am Grab wurde nicht mehr geredet. Wir standen in einem Halbkreis und haben gesungen und gebetet. Der Sohn der Familie, die Tim so lange betreut hatte, ehrte ihn noch mit »The last Salute« auf seiner Trompete. Ein geliebtes Kind Gottes war bei seinem himmlischen Vater angekommen, dort, wo es keine Gehirnschädigung und keine Tränen gibt.

So soll euer Licht leuchten vor den Leuten …
Jesus in Matthäus 5,16

8. Die Tausendfüßlerin

Sie ist um die fünfzig und eine Tausendfüßlerin. Vor jedem Besuch freue ich mich schon darauf, dass sie mir wieder von ihren Erlebnissen und neuen Ideen erzählt. Denn bei ihr muss man mit allem rechnen! Ich bin wirklich beeindruckt von Diets unbezähmbarer Energie und Lebensfreude. Sie ist ein Mensch, der eher Möglichkeiten als Schwierigkeiten sieht und immer fröhlich und tatkräftig vorgeht. Dass sie sich dabei öfter etwas zu viel zumutet, hindert sie nicht daran, sich immer wieder neu zu engagieren. Zum Glück sieht ihr Mann die Dinge genauso wie sie. Ihre zwei Söhne sind, so vermute ich, von derselben Sorte. Es wird in diesem Haus viel unternommen und viel gelacht.

Diet reist regelmäßig mit ihrem Mann, der Optiker ist, nach Rumänien oder Uganda. Während er Augenmessungen vornimmt und Brillen austeilt, plaudert sie mit allen möglichen Menschen, wobei sie es trotz Sprachproblemen schafft, ihnen wirklich nahezukommen.

In Ugandas Hauptstadt Kampala hat Diet und ihren Mann das Schicksal eines jungen Mannes berührt, der keine Zukunftsperspektive hatte. Sie haben ihn quasi adoptiert und ihm in den Sattel geholfen: Nach einigen gemeinsamen Überlegungen haben sie einen Secondhand-Kleinbus für ihn angeschafft und einen Businessplan entwickelt. Mittlerweile arbeitet Moses als Taxifahrer und ist dankbar, dass er mit seinem Einkommen mehrere Verwandte finanziell unterstützen kann. Meine Bekannten besuchen ihn, wann immer sie in Uganda sind. Dann wird die Buchhaltung kontrolliert und der Fortgang des Taxigeschäftes besprochen.

Im Sommer hat Diet alle Hände voll zu tun mit einem Projekt, das jedes Jahr wiederholt wird: Es reisen gut dreihundert Kinder aus Berlin für einen dreiwöchigen Sommerurlaub in den Niederlanden an. Diet sucht die Gastfamilien aus und bespricht mit ihnen alles Wichtige. Wenn die Kinder in Berlin abgeholt werden, ist sie die »Mutter« im Reisebus, die Leckeres austeilt, Lieder mit den Kindern singt, das eine oder andere auf den Schoß nimmt und, wenn nötig, Tränen abwischt. In den Wochen, in denen die Kinder bei ihren Gastfamilien sind, ist sie stand-by: Man kann sie zu jeder Zeit anrufen, wenn es

Fragen oder Probleme gibt. Das Projekt läuft optimal und wird manchmal sogar in den Weihnachtsferien wiederholt.

Kürzlich hatte Diets Gemeinde ein Jugendwochenende geplant. Die Begeisterung war groß, es meldeten sich freiwillige Mitarbeiter für alles Organisatorische, andere sagten zu, fürs Essen zu sorgen und Kuchen zu backen. Als sich dann herausstellte, dass sich für den vorgesehenen Termin keine günstige Unterkunft für die Jugendgruppe finden ließ, entschieden Diet und ihr Mann spontan, die Jugend bei sich zu Hause aufzunehmen.

So füllte sich ihr Haus an diesem Wochenende mit etwa fünfzehn jungen Leuten, deren »Programm« bis weit nach Mitternacht lief. Zu später Stunde klemmte sich dann jeder seinen Schlafsack unter den Arm und suchte sich einen Platz zum Schlafen.

»Es lief alles optimal«, sagte Diet munter. »Die Mädchen oben im Haus, die Jungs im Flur. Morgens stolperten wir über schnarchende Körper in Schlafsäcken im Gang, im Wohnzimmer, ja, sogar in der Küche. Am Sonntag waren alle rechtzeitig aus den Federn und dann ging es gemeinsam zum Gottesdienst. Es war ein fantastisches Erlebnis, wir haben das Ganze keinen Moment bereut.«

Gestern war ich wieder mal bei Diet und ihrem Mann, Gustav. Wir hatten uns kurz vor Weihnachten zum letzten Mal gesehen, und ich war gespannt, was sich inzwischen alles bei ihnen getan hat. Nun, zu Weihnachten hatten sie eine ganze (und große) Familie zum Essen und Übernachten eingeladen. Es passte alles gerade und war ein riesiger Erfolg. Als die Familie wieder weg war, hat Diet über tausend Krapfen gebacken zugunsten einer Silvester-Aktion ihrer Kirche. Und, o ja, kurz vor Weihnachten ist ein junger Mann von neunzehn Jahren bei ihnen eingezogen. Es lief in seinem Elternhaus nicht gut, und weil er Diet und ihren Mann kannte, hat er bei ihnen angeklopft und gefragt, ob er vorübergehend bei ihnen wohnen könne. Arbeit hat er nicht; was er gerne machen würde, weiß er nicht. Inzwischen wurde mit den Eltern des Jungen gesprochen, und diese sind dankbar, dass ihr Sohn eine Weile außer Haus (und in guten Händen) ist.

»Er ist so ein lieber Kerl«, sagte Diet. »Hinter seiner lässigen Art, seinen langen Haaren und Tätowierungen verbirgt sich ein unsicherer Junge, der nicht weiß, was er mit sich und mit dem Leben anfangen soll. Wir haben ein Zimmer für ihn vorbereitet und ihn zuerst mal ›sein‹ lassen, damit er zur Ruhe kommt. Diese Woche aber haben wir mit Gesprächen angefangen und ein paar Hausregeln aufgestellt. Es ist jetzt Schluss mit dem stundenlangen Herumlungern mit dem Laptop auf dem Schoß. Er soll rechtzeitig zum Frühstück erscheinen und wird, solange er noch keine Arbeit gefunden hat, bei uns zu Hause mit anpacken. Dafür bekommt er dann ein kleines Taschengeld. Wir merken, wie gut es ihm tut, dass er mit uns reden kann und sich an unseren Tagesrhythmus anpassen muss. Er braucht viel Aufmerksamkeit und viele Gespräche. Aber wir sind zuversichtlich, dass dieser Junge seinen Weg finden wird, und dankbar, dass wir ihm dabei helfen können.«

Wie immer ging ich nach dem Besuch mit einem fröhlichen Herzen meiner Wege. Bei diesem Ehepaar zu sein, wirkt wie ein erfrischendes Bad. Es ist beeindruckend, wenn die vielseitige Frucht des Geistes Gottes so deutlich sichtbar ist: Liebe und Freundlichkeit. Güte und Geduld.

Es tut so gut, Menschen zu begegnen, die ein so starkes Gottesvertrauen und eine so positive Lebenseinstellung haben. Menschen, deren Freude auf Gott gegründet ist. Menschen mit einem Herz für andere. Menschen, die großzügig sind und austeilen von dem, was sie haben. Es tut nicht nur gut, es ist ansteckend.

Lasst uns aber im Gutestun nicht müde werden …
Galater 6,9

9. Es wird ein Junge vermisst

Es wird ein Junge vermisst. Er ist 18 Jahre alt, hat vor dem Sommer seine Abschlussprüfung in der Schule gemacht und wohnt seit einigen Wochen als angehender Student in einer beliebten Universitätsstadt in den Niederlanden. Nachdem er die Fuchstaufe gut hinter sich gebracht hat, darf er sich Mitglied des Studentenkorps nennen.

Ein neues akademisches Jahr hat begonnen, die Stadt braust vor Leben, die Studentenheime und die Kneipen sind überfüllt. Nun aber wird dieser junge Student vermisst. Er hat in der Nacht von Donnerstag auf Freitag bis morgens früh mit Freunden gefeiert, danach hat er sich auf den Weg zu seinem Studentenzimmer gemacht, ist aber dort nie angekommen. Am Freitagmorgen hat man Alarm geschlagen.

Seit der Vermisstenanzeige wird mit aller Macht nach dem Jungen gesucht. Im Internet und in den Zeitungen ist ein Foto von ihm veröffentlicht worden – ein lachender Junge mit dickem, welligem Haar. Er muss sich auf seine neue Lebensphase gefreut haben: Endlich hat das Studentenleben begonnen, das Fest mit seinen Freunden war der Auftakt dazu.

Die Behörden haben die Aufzeichnungen der Überwachungskameras in der Stadt überprüft und ihn darauf gesehen, unterwegs vom Stadtzentrum zu dem Stadtteil, wo er sein Zimmer hat. Um etwa 5:30 Uhr in der Früh endet die Spur bei einer Gracht, danach wird der Junge nicht mehr gesehen. Er wird doch nicht …

Die Suche geht weiter, inzwischen beteiligen sich dreihundert Studenten des Studentenkorps daran. Auf Facebook erscheint ein Aufruf, in der Stadt werden Flyer verteilt. Männer in grau-roten Overalls suchen in der Gracht nahe der Überwachungskamera, die die letzten Bilder des Studenten registriert hat. Es sind auch Taucher da und Sonargeräte. Die Familie hat Spürhunde eingesetzt.

Am Samstagabend bin ich bei Freunden eingeladen. Ihre 18-jährige Tochter Anne ist vor einigen Wochen aus Malawi zurückgekehrt. Sie hat dort mit zwanzig Jugendlichen drei Wochen an einem Bauprojekt der Missionsorganisation *World Servants* teilgenommen. Ich bin kaum da, da lässt sie sich schon samt Laptop neben mir auf die Couch plumpsen, um ihre Fotos zu zeigen. Es sind nicht wenige: Eine überwältigende Menge rollt über den Schirm.

Auf dem ersten Bild ist eine Gruppe ausgelassener Jugendlicher am Flughafen in Amsterdam zu sehen, danach folgen Bilder ihres Zwischenstopps in Äthiopien, ihrer Ankunft in Malawi und der Fahrt zu dem Dorf, wo man eine kleine Schule und Latrinen bauen sollte.

Nun erscheinen Fotos vom einem kleinen Raum mit dünnen Matratzen auf dem Boden (dem Schlafsaal), an der Wand hängt ein Zettel, auf dem der Tagesablauf zu lesen ist: 7 Uhr aufstehen, Bibellesen, Frühstück, Arbeit, um 10 Uhr die erste Pause.

Ob sie eine Dusche hatten?

Nein, natürlich nicht. Ein Eimer mit Wasser musste reichen.

Die Mahlzeiten?

Schlicht und einfach und vor allem monoton. Beim Frühstück jeden Tag Mehlbrei und sonst Reis, Reis, Reis mit einer undefinierbaren Soße.

Gemüse?

Kaum.

Obst?

Einmal bekamen sie Mini-Bananen geschenkt, das war ein Höhepunkt.

Während die Fotos über den Bildschirm wandern und Anne begeistert von ihrem Afrika-Abenteuer erzählt, schweifen meine Gedanken ab zu dem vermissten Studenten.

Ich denke an seine Eltern, die die schwersten Stunden ihres Lebens durchmachen. Sie werden stolz gewesen sein auf ihren Sohn, aber auch besorgt. Wie alle Eltern, die ihr Kind ein Stück loslassen müssen, weil dieser Schritt nun einmal zum Prozess des Erwachsenwerdens gehört. Sicherlich haben sie ihren Sohn so gut wie möglich auf seine neue Lebensphase vorbereitet. Sie haben ihm vermutlich beim Einrichten seiner Studentenbude geholfen und ihm gute Ratschläge gegeben. Nun aber wissen sie nicht, wo er ist.

Der Kontrast zu Anne, die im selben Alter ist wie dieser Junge, ist bitter. Ihre Eltern sind dankbar dafür, dass sie gesund aus Afrika zurückgekehrt ist, und freuen sich über die guten und lehrreichen Erfahrungen, die ihre Tochter dort gemacht hat. Die Eltern des jungen Studenten dagegen suchen in diesen Stunden verzweifelt nach ihrem Sohn.

Annes Stimme holt mich zurück zu ihr und ihren Fotos. Wir sind am Bauplatz, wo *World Servants* eine Schule und Latrinen bauen sollte. Die Jugendlichen haben Schubkarren voller Zement herbeigekarrt und stundenlang in brennender Hitze gemauert. Außerdem haben sie Kinderstunden abgehalten. Und was auch eine tolle Erfahrung war: Jeder Teilnehmer des Bauprojekts hat einmal bei einer malawischen Familie im Dorf übernachtet, in kleinen, primitiven Hütten. Die Fotos zeigen strahlende Familien mit einer großen Kinderschar, alle in festlicher Kleidung wegen des vornehmen Besuches.

Abgeschlossen wird die Fotoreihe mit einem Abschiedsbild. Es geht in einem alten Bus zum Flughafen; die zwanzig jungen Niederländer werden von ihren malawischen Freunden mit fröhlichem Winken verabschiedet.

An diesem Abend gibt es im Internet noch nichts Neues über den vermissten Studenten. Die Suche ist bis jetzt erfolglos geblieben, man kann erst morgen bei Tageslicht weitersuchen. Für die Eltern müssen die Unsicherheit und das Warten unerträglich sein. Seit Freitagmorgen wird ihr Sohn vermisst, nun ist es schon Samstagabend, und er wurde noch immer nicht gefunden.

Erst am Montag kommt eine Meldung. Man hat in der Gracht einen Körper gefunden. Am Dienstag bestätigt ein kurzer Bericht in der Zeitung, dass es sich dabei um die Leiche des vermissten Studenten handelt. Der Junge ist vermutlich benebelt gewesen, ist in die Gracht gefallen und hat sich nicht helfen können.

Ein junges Leben ist mit einem Schlag vorbei. Die Träume des Studenten werden nie verwirklicht werden, sein Leben hat geendet, bevor es zur Blüte kommen konnte. Seinen Eltern bleibt die fast unmögliche Aufgabe, ihren Weg zu finden im Labyrinth ihrer Fragen und der tiefen Trauer über den Verlust ihres geliebten Kindes.

Für Anne hat das letzte Schuljahr begonnen. Sie wird bei ihrem Schulabschluss 19 Jahre alt sein. Danach ist für sie ein Studium in Amsterdam vorgesehen, sie will Psychologin werden. Zuerst aber kommt ein neuer Einsatz in Afrika; sie hat sich schon angemeldet für ein Projekt in Ghana, das in den Sommerferien stattfinden soll.

Wie schön kann das Leben sein. Und wie bitter.

Lehre uns unsere Tage richtig zählen,
damit wir ein weises Herz erlangen!
Psalm 90,12

10. Begegnung in England

Eines Tages, als ich in einer hügeligen Landschaft in England unterwegs war, sah ich schon von Weitem einen imposanten viereckigen Kirchturm. Er war von einer kleinen, etwas tiefer gelegenen Ansammlung von Häusern umgeben. Es war ein herrlicher Herbstnachmittag. Sonne und Wolken wechselten einander ab, die Ebereschen färbten sich tiefrot und die Brombeersträucher am Straßenrand waren voller Beeren.

Einem Impuls folgend, beschloss ich, die alte Kirche zu besichtigen. Sie war nicht schwer zu finden, das Dorf bestand aus wenigen Straßen, deren Mittelpunkt die auf einer kleinen Anhöhe gelegene Kirche war. Ich parkte mein Auto an einer langen Mauer, die von buntem Efeu überwuchert war, und folgte dem Fußweg hinauf zu der großen Kirche.

Er führte am Friedhof vorbei, einem offenen Feld, auf dem vor allem alte, aber auch einige neuere Grabsteine kreuz und quer durcheinander standen. Das Gras war frisch gemäht worden und hier und dort schon platt getreten; der Boden war uneben, voller Buckel und Mulden.

Ich verließ den Weg und ging über den Friedhof. Es ist doch seltsam, dass Grabsteine immer dazu einladen, die Namen und die Geburts- und Sterbedaten der Menschen zu betrachten, die dort ihre letzte Ruhestätte gefunden haben:

Eine alte Frau, die zwanzig Jahre Witwe gewesen war, ein Mann, der seine Frau um zehn Jahre überlebt hatte, ein Kind, das nur vier Jahre alt geworden war. Und eine Oma, die schon vor einigen Jahren gestorben war, aber ein Grab voller frischer Blumen und lieber Briefe von den Enkelkindern hatte.

Beim Eingang der Kirche angekommen, ging ich durch die meterhohen alten Holztüren hinein. Es waren echte Prunkstücke, mit prächtigen Holzschnitzereien verziert, die, wie sich später herausstellte, im 14. Jahrhundert von kunstfertigen Händen hergestellt worden waren. Die Kirche enthielt noch mehr Schätze, zum Beispiel wunderschöne Bleiglasfenster und ein imposantes altes Taufbecken. Das Interieur selbst war jedoch nüchtern – schlichte Holzbänke mit wenigen bestickten Kissen zum Knien, eine Kinderecke und ein Tisch mit ein paar Prospekten.

Während ich dies alles in mich aufnahm, fiel mir eine Stimme auf, die Worte sprach, auf die keine Antwort, kein Widerspruch erfolgte. Dennoch waren die Worte an jemanden gerichtet; es gab auch Pausen, als würde Raum gelassen für eine Antwort. Die Stimme war warm und bewegt und kam aus einem Seitenschiff der Kirche.

Ich spitzte die Ohren und erkannte in dem Gesprochenen das liturgische Abendgebet der anglikanischen Kirche, das normalerweise mit der Gemeinde zusammen gebetet wird, wobei der Prediger seinen Teil spricht und die Gemeinde dann jeweils darauf antwortet. Diesmal jedoch fehlte die Antwort, der Vorbeter schien allein zu sein.

Nach einer Weile trat ein freundlich aussehender Mann aus dem Seitenschiff. Er trug Alltagskleidung, war jedoch durch den weißen Stehkragen unter seinem Pullover als Geistlicher zu erkennen. Nachdem wir einander begrüßt hatten, kamen wir ins Gespräch. Er war, wie sich herausstellte, der Hilfsprediger, der unentgeltlich in der Gemeinde diente, die aus nicht mehr als sechzig Mitgliedern bestand. Der sonntägliche Gottesdienst wurde normalerweise von etwa fünfzehn Menschen besucht.

»Und wie ist es unter der Woche?«, fragte ich. »Beim Abendgebet?«

»Da kommt meist niemand«, lautete die Antwort. »Aber die Leute finden es schön zu wissen, dass hier vorm Dunkelwerden gebetet wird, für die Gemeinde, für einzelne Menschen, für das Dorf. Das gibt ihnen ein Gefühl von Sicherheit und Geborgenheit.«

Ich schwieg einen Moment und ließ die Bedeutung seiner Worte zu mir durchdringen: Dieser Prediger stand hier Abend für Abend allein und tat Fürbitte für die Gemeindemitglieder und die Dorfbewohner. Von denen sich niemand blicken ließ, und sei es nur, um ein bisschen Anteilnahme zu zeigen.

Ich sah den Prediger an. »Wie sieht Ihre Arbeit denn während der Woche aus?«, fragte ich.

»Da besuche ich Leute«, lautete die Antwort. »Heute war ich gerade bei einer alleinerziehenden Mutter, die ihr Kind taufen lassen will. Sie ist keine Kirchgängerin, aber das Thema Taufe bietet einen Einstieg. Es gibt immer wieder Menschen, die nichts mit der Kirche am Hut haben, sich aber doch an uns wenden, wenn es um eine Hochzeit oder eine Taufe geht. Ich komme gern mit ihnen ins Gespräch und versuche ihnen dann zu vermitteln, dass sie herzlich willkommen sind – in der Hoffnung, dass sie sich auf diesem Weg ein bisschen für den Glauben und die Gemeinde öffnen.«

»Wächst Ihre Gemeinde denn?«, fragte ich. »Bieten Sie zum Beispiel einen Alphakurs an oder gibt es Hauskreise?«

Der Prediger drehte sich um und zeigte auf den Tisch mit den Prospekten. »Für einen Alphakurs gibt es leider keine Menschen, die mitarbeiten würden«, sagte er. »Und mit Hauskreisen ist es ganz ähnlich: Hier liegt das Anmeldeformular für einen Bibelgesprächskreis, der diesen Herbst beginnt. Sehen Sie, es stehen gerade mal zwei Namen darauf.«

Wieder schwieg ich einen Moment. Was für ein hingebungsvoller, treuer Mensch, dachte ich. Jeden Tag in einer leeren Kirche im Gebet für seine Gemeinde, sein Dorf. Während der Woche unermüdlich unterwegs, um alle diejenigen zu besuchen, die das wünschen. Ohne daran die Erwartung zu knüpfen, dass sie dann auch in die Kirche kommen. Dankbar für zwei Namen auf dem großen Anmeldeblatt für Bibelgesprächsgruppen im kommenden Herbst.

Ich sah ihn an. »Gott segne Sie«, sagte ich. »Ich habe Achtung vor Ihrem Ausharren und Ihrer Treue zu diesen Menschen. Das ist sicher nicht immer einfach für Sie, aber es ist so wichtig.«

Beinah gleichzeitig reichten wir einander die Hand.

»Es war schön, Sie kennenzulernen«, sagte der Prediger. »Ich vermute, dass Sie selbst auch christlich engagiert sind?«

Ich nickte bestätigend.

»Ja, das habe ich Ihnen angemerkt«, sagte er. »So etwas spürt man einfach. Gott segne Sie.«

Ich ließ seine Hand los. »Und Sie«, sagte ich. Und blickte ihm nach, als er durch die großen Türen nach draußen ging. An diesem herbstlichen Nachmittag in England. Einer von Gottes Leuten, einer von seinen Botschaftern. In einem kleinen Dorf irgendwo auf dieser großen Erde. Ausgesandt wie die Jünger im ersten Jahrhundert nach Christus. Bis ans Ende der Erde sollten sie gehen, sie und die Menschen nach ihnen. Als Botschafter der guten Nachricht, des Evangeliums von Jesus Christus. Bis zum heutigen Tag.

Was für ein Segen, einem von ihnen zu begegnen. Welch ein Geschenk, einander als solche Mitarbeiter des Reiches Gottes zu erkennen. Und einander Gottes Segen wünschen zu dürfen.

Die Frucht des Geistes aber ist … Treue.
Galater 5,22

11. Willem

Es war irgendwo in den Niederlanden: Während eines Vortrags in einer Gemeinde teilte ich das Podium mit einem Kanarienvogel in einem Käfig.

Die Dame, die die Veranstaltung leitete, hatte den Vogel für einen Tag in ihre Obhut genommen, weil seine Besitzerin dabei war umzuziehen. Da ihre Katze sich ein wenig *zu* begeistert über den kleinen Tagesgast gezeigt hatte, hatte sie das Vögelchen mitgenommen in die Gemeinde. Dort stand er nun auf dem Abendmahlstisch neben meinem Pult und dem Mikrofon.

An jenem Morgen waren nur zwei männliche Wesen anwesend: der Organist und der Kanarienvogel Willem. Der Organist bekam einen ordentlichen Applaus; Willem wurde nur eine kurze Vorstellung zuteil. Wir sollten ihm, so seine »Tagesmutter«, lieber keinerlei Aufmerksamkeit entgegenbringen und uns am besten nicht von ihm ablenken lassen. Er habe alles, was er brauche, und sei glücklich und zufrieden. Je mehr wir uns ihm widmeten, umso größer sei die Wahrscheinlichkeit, dass er den Vortrag mit seinem Gezwitscher störe.

Während ich darauf wartete, dass ich nach vorn gerufen wurde, konnte ich es nicht lassen, Willem zu beobachten. Ob dieses Vögelchen wirklich glücklich und zufrieden war?

Ich war mir dessen nicht so sicher. Es war wahr, Willem saß ganz ruhig auf seiner Stange, auch wenn ihm das Orgelgedröhn offenbar nicht so zusagte: Als der Organist zu spielen begann, kauerte Willem sich zusammen und steckte den Kopf zwischen die Flügel.

Von einer Sache war ich jedoch überzeugt: Willem gehörte nicht in diesen Käfig. Er hatte Flügel bekommen, um sie zu gebrauchen. Als Vogel war er dazu bestimmt, in der freien Natur zu leben, in einer Baumkrone zu singen, sich ein Nest zu bauen und frei umherzufliegen. Er gehörte nicht in einen kleinen Käfig mit zwei Sitzstangen und zwei Plastikschälchen für sein Vogelfutter aus der Tüte und sein Wasser aus dem Wasserhahn.

Zwar hatte er einen Spiegel in seinem Käfig, der ihm die Illusion gab, nicht allein zu sein, vielleicht sang er dann und wann ein Liedchen, aber er war und blieb ein gefangener Vogel, dem die Flügel gestutzt worden waren.

Manchmal kann ein unerwartetes Ereignis zum Anlass für tiefgründige Gedanken werden. Damals auf der ersten Bank in jener Gemeinde wurde ich von Willems Schicksal ergriffen. Es berührte mich, dass sich dieser kleine Kanarienvogel anscheinend damit abgefunden hatte, dass er gefangen war.

Vielleicht hatte er einmal die Freiheit gekannt, aber das Pech gehabt, irgendwo in Frankreich oder Italien an einen Leimstab zu fliegen und danach von einem Händler verkauft zu werden. Vielleicht war er auch schon in Gefangenschaft aus dem Ei geschlüpft.

Willem schien sich dessen nicht bewusst zu sein, dass das Leben in einem Käfig unnatürlich und beschränkt ist. Offenbar wusste er es nicht besser und wollte es vielleicht auch nicht mehr anders haben. Sein Leben in Gefangenschaft war für ihn normal geworden. Es war übrigens kein Leben, höchstens noch ein Existieren. Fliegen konnte er nicht mehr.

Plötzlich sah ich eine Parallele: Wie viele Menschen gibt es doch, die genau wie Willem gefangen sind, denen das Leben die Flügel gestutzt hat und die hinter unsichtbaren Gitterstäben eingesperrt sind. Als einzigartige Geschöpfe Gottes hätten sie das Recht, mit erhobenem Haupt und kräftigen Flügelschlägen ihre Bahn zu ziehen. Aber sie werden durch ihre Lebensumstände gebremst, sie sind verletzt und gebrochen durch schmerzliche

Ereignisse und Erfahrungen; sie sind niedergedrückt von Kummer und Schmerz oder dunklen Geheimnissen, Scham und Schuld; sie sind verstrickt in das Netz ihrer eigenen Unfähigkeit und haben nicht die Kraft, sich daraus zu befreien. Ihre Welt ist durch all dies klein geworden; sie leben ein armseliges, beschränktes Leben.

Im Lauf der Jahre haben sie sich an diesen Zustand gewöhnt. So ist es nun einmal, daran lässt sich nichts mehr ändern. Manchmal singen sie ein Lied. Vielleicht in Moll, aber doch ein Lied. Es ist ein Lied voller Sehnsucht und Melancholie. Ein Lied voller Heimweh nach dem, was war oder hätte sein sollen. Ein Lied voller Sehnsucht nach dem Leben, das sie verloren haben.

Vor gut zweitausend Jahren ist er auf diese Erde gekommen: Jesus, der Sohn Gottes. Er war eine auffällige Erscheinung, ein starker Mensch, der über außergewöhnliche Autorität verfügte. Er sagte, dass er gekommen sei, um den Menschen Leben und Fülle zu schenken. Eine Fülle an guten Dingen. Eine Fülle an Hoffnung, die uns Menschen wirklich singen lässt. Eine Fülle an Trost und Kraft, die uns aufrecht stehen lassen. Eine Fülle an Frieden, der uns über Unruhe und Rastlosigkeit erhebt. Ein überfließendes Maß von Liebe, die beflügelt und erfüllt.

Er nannte sich Heiland, Retter, Befreier. Er kam, um uns Menschen von dem Joch unserer falschen

Entscheidungen, unserer negativen Taten, unserer Scham und Schuld zu befreien. Er kam, um uns Flügel zu geben, und schenkte uns seinen Geist, der uns wie ein starker Wind helfen soll, aufzusteigen und zu fliegen. Nicht vogelfrei, nicht den willkürlichen Mächten und Kräften dieser Welt ausgeliefert, sondern getragen von Gottes ewigen Armen. Auf dem Weg zu unserer Bestimmung. Von der Gefangenschaft in die Freiheit, von einem menschenunwürdigen Dasein zu einem erfüllten Leben. Und all dies durch die Verbindung zu ihm.

»Kommt her zu mir«, sagte er. »Kommt her zu mir, alle ihr Mühseligen und Beladenen! Und ich werde euch Ruhe geben. Kommt her zu mir, und ich werde euch zeigen, was wahre Freiheit ist, denn ich, der Sohn Gottes, mache Menschen wirklich frei.«

Als er starb, nahm er die Gitterstäbe mit. Als er vom Tod auferstand, machte er die Tür zum Leben weit auf. Wer an ihn glaubt, darf seine Flügel ausbreiten und in die Freiheit fliegen.

Ich bin gekommen, damit sie das Leben haben …
(Jesus in Johannes 10,10)

12. Pyeongchang 2018

Es ist der 10. Februar 2018, die Olympischen Winterspiele in Pyeongchang in Südkorea haben begonnen. In den Niederlanden wartet man gespannt auf die Leistungen der Eisläufer. Eislaufen ist ja unser »Ding«, in diesem Sport zeichnen wir Niederländer uns aus. Obwohl … die Kanadier, Amerikaner und Norweger darf man nicht unterschätzen. Und nicht nur sie.

Es ist auffallend, wie große, internationale Sportevents einen nationalen Stolz anfachen. Auf der Tribüne sind ganze Blocks gefüllt mit Landesgenossen der Athleten. In unserem »orangefarbenen Block« sitzt sogar unser Königspaar.

König Willem-Alexander tauscht in diesen Tagen seine königliche Würde gegen jungenhafte Begeisterung ein. Es sei ihm gegönnt, er ist ein Mann, zu dem Ungezwungenheit und Spontanität viel besser passen als Prunk und Pracht. Wenn seine »Untertanen« einen Podiumsplatz gewinnen, ist er als Erster unten auf der Eisbahn und gratuliert ihnen mit einer herzlichen Umarmung.

In den Niederlanden hat die Grippe in diesen Tagen viele Menschen im Griff. Auch ich bin davon betroffen und genieße es, durchs Fernsehen einiges von den Winterspielen in Südkorea mitzubekommen. Als am ersten Tag drei niederländische Frauen beim Speedskating über 3000 Meter Gold, Silber und Bronze gewinnen, ist die Freude groß. Da geschieht in Pyeongchang etwas Unerwartetes. Als die drei Eisläuferinnen gemeinsam auf dem Podium stehen und bejubelt werden, wird auf der Tribüne eine große Fahne hochgehalten mit dem Text: »Sorry, Mr. President, it is the Netherlands first. And second. And third!« Wer sich das ausgedacht hat, hat Humor! Und es steht wohl außer Zweifel, wer dieser Mr. President sein soll.

In Amerika sind die niederländischen Leistungen beim Eislaufen nicht unbemerkt geblieben. Eine Moderatorin des Fernsehsenders NBC kommentiert sie folgendermaßen: »Die Niederländer sind gestandene Eisläufer, weil Schlittschuhe im Winter schon seit Uhrzeiten ihr wichtigstes Transportmittel sind. Wie wir alle wissen, gibt es in den Niederlanden viele Grachten, die im Winter zufrieren. Und seit es diese Grachten gibt, sind die Niederländer darauf unterwegs.«

Es bleibt nicht aus: Dieser Kommentar erscheint im Internet und wir lachen Tränen. Im Winter soll in den Niederlanden also jeglicher Verkehr über zugefrorene Grachten und Kanäle gehen. Man stelle es sich vor: Geschäftsleute, die übers Eis zu ihrem Büro eilen; ein Arzt, der bei seinen Visiten zuerst seine Schlittschuhe abschnallen muss und in Socken am Bett seiner Patienten erscheint; eine Mutter, die ihre Kinder auf einem Schlitten festgebunden hat und sie übers Eis zum Kindergarten schiebt. Der Pfarrer, der am Sonntag in seinem Talar schwungvoll über die Grachten zum Gottesdienst gleitet.

Bald tauchen die ersten Reaktionen auf diesen Kommentar im Internet auf. Jemand postet ein Foto der niederländischen »Mühlentour« in der Region Alblasserwaard. Diese Eislauftour geht über 25, 50 oder 75 Kilometer, je nach Laune und Ausdauer der Teilnehmer. Es ist eine wunderbare Tour, die nur dann stattfinden kann, wenn es einige Tage hintereinander richtig gefroren hat, damit das Eis dick und stark genug ist, um die Menschenmassen (mehrere Tausend Eisläufer) zu tragen. Weil das seit einigen Jahren leider nicht der Fall gewesen ist, ist das Foto im Internet eine alte Aufnahme. Es zeigt eine große Gruppe von Eisläufern, die bei einer Mühle stehen, um wieder zu Atem zu kommen und etwas zu trinken. Die Unterschrift lautet: »Niederländer auf dem Weg zum Einkaufszentrum«. Ein anderer Twitterer schreibt: »Es wäre wunderbar, wenn die Regierung endlich eine Möglichkeit finden würde, den morgendlichen Schlittschuhstau zu verhindern!«

Die Berichte sind inzwischen auch in Australien gelesen worden. Es folgt eine Twitterreaktion aus *Down Under*: »Hier benutzen alle den Überland-Känguru-Service, um von A nach B zu reisen. Dieser Service ist einmalig, der Transport geht blitzschnell. Skippy hat mich kürzlich innerhalb weniger Minuten bis zur anderen Seite der Stadt transportiert, und zwar mit Riesensprüngen über mehrere Gebäude.«

Ich freue mich über die Leichtigkeit der Kommentare. Humor verbindet Menschen, die Tausende von Kilometern voneinander entfernt wohnen. Es macht Spaß zu sehen, wie man in diesen Stunden aufeinander reagiert, auch wenn es um völlig unsinnige Berichte geht. Vielleicht ist das gerade der Spaß; man muss das Leben nicht immer nur ernst nehmen!

Am Dienstag, den 13. Februar, kommt ein offizieller Bericht von der NBC-Moderatorin aus Amerika. Katie Couric zeigt sich als faire Spielerin mit einem Sinn für Humor und der Fähigkeit, über sich selbst zu lachen. Sie entschuldigt sich für ihre falsche Begründung und schreibt: »Mit meinem unglücklichen Kommentar über den niederländischen Erfolg beim Eislaufen habe ich mich leider aufs Glatteis gewagt. Ich gratuliere euch zu euren Medaillen und würde euch sehr gerne mal besuchen, um euren Erfolg zu feiern!«

Die niederländische Botschaft in den USA soll Katie anschließend in die Niederlande eingeladen haben, damit sie mit eigenen Augen sehen kann, wie es bei uns läuft.

Lachen hat seine Zeit …
Prediger 3,4

13. Die hellblauen Schuhe

Eine meiner frühesten Kindheitserinnerungen datiert aus der Zeit, in der unsere Familie auf einem Wohnschiff, oder wie mein Vater sagte: einer Arche, wohnte.

Es waren die Jahre nach dem Krieg. Unser Haus in Den Haag war durch einen Bombenangriff schwer beschädigt worden, meine Eltern sind etwa 1948 weggezogen. Es kam die Arche und mit der Arche kamen Veränderungen. Von der Stadt ging es aufs Land, unser »Haus« lag im Wasser; um dorthin zu gelangen, musste man über eine kleine Brücke gehen. Davor befand sich eine Wiese.

Wir waren eine Zwei-Generationen-Familie: vier Jungens, die alle *vor* dem Krieg, und zwei Mädchen, die *nach* dem Krieg geboren worden waren. Und dann gab es Gerda, unsere Hündin. Sie war ein Cockerspaniel mit langen Ohren und traurigen Augen, die bei uns gelandet war, weil ihre ursprünglichen Besitzer, eine Müllerfamilie, sie nicht mehr haben wollten.

Wir liebten unsere Gerda über alles, und weil sie das wusste, ertrug sie vieles. So ließ sie zum Beispiel mit großer Gelassenheit zu, dass wir immer wieder oben auf ihrem Kopf einen Knoten in ihre Ohren machten oder dass wir sie an warmen, sonnigen Tagen in unseren Puppenwagen setzten und fest zudeckten. Auch ließ sie es geduldig über sich ergehen, dass wir sie ausführlich badeten, in einer alten Blechwanne gefüllt mit Grabenwasser.

Eine kostbare Erinnerung aus dieser Zeit, in der wir in der Arche wohnten, ist verbunden mit einem besonderen Geschenk. Ich muss etwa drei Jahre alt gewesen sein, als meine Mutter mich mitnahm in die Stadt und mir ganz feine hellblaue Schuhe kaufte. Als der Verkäufer uns dieses Paar zeigte, war ich stumm vor Verlangen, meine Mutter aber zögerte, weil die Schuhe eher schön als praktisch waren. Da sie aber genauso begeistert war wie ich, entschloss sie spontan und kaufte sie mir.

Ich erinnere mich, wie wir mit der Straßenbahn zurückfuhren und die letzte Strecke dann zu Fuß gingen. In der einen Hand trug meine Mutter die Tüte des Schuhgeschäfts mit meinen neuen Schuhen, mit der anderen versuchte sie, ein aufgeregtes, vor Freude hüpfendes Kind zu zügeln. Als wir zu Hause ankamen, war es schon fast Zeit zum Essen, daher wurde die Tüte beiseitegelegt.

Meine Mutter ging in die Küche, im Esszimmer wurde der Tisch gedeckt. Und dann … geschah es.

Die ganze Familie saß bereits am Tisch, als meine Mutter mich in die Küche rief. Dort flüsterte sie mir zu, dass wir alle überraschen würden. Sie zog mir meine neuen Schuhe an, dann hob sie mich hoch und trug mich ins Esszimmer. Dort stellte sie mich, ohne mit der Wimper zu zucken, auf den gedeckten Tisch. Während alle überrascht die Augen aufrissen, sagte sie mir, dass ich nun ganz vorsichtig und langsam zum anderen Ende des Tisches gehen sollte, damit jeder meine Schuhe bewundern könne!

In dem Moment bekam ich Flügel. Während alle klatschten und ihre Begeisterung für meine hellblauen Schuhe äußerten, schwebte ich wie berauscht zwischen all den Tellern und Bechern hindurch bis zum anderen Ende des Tisches. Dort stand ich noch eine Weile und war so überglücklich, dass ich kein Wort herausbringen konnte. Es war ein absoluter Höhepunkt in meiner dreijährigen Existenz.

Wenn ich mir die Szene heute vorstelle, kann ich mich noch immer darüber freuen. Ich sehe ein dreijähriges Mädchen, das gerade in der großen Stadt war und dementsprechend gekleidet ist. Sie trägt ein Smokkleidchen, hat weiße Söckchen an und nun als Glanzstück nagelneue hellblaue Schuhe. Während sie ganz behutsam über den großen Esstisch geht, klatschen die Zuschauer – die großen Brüder, die Eltern und die fünfjährige Schwester – und alle sagen ihr, wie traumhaft schön ihre neuen Schuhe sind.

Ich bin so dankbar für meine fröhliche, extrovertierte Mutter, die öfter spontane, ja, ausgefallene Ideen hatte und diese auch durchführte. Weil es Spaß machte und guttat. Sie hatte die Gabe, uns durch scheinbar kleine Dinge kostbare Erfahrungen zu schenken.

In einem Artikel las ich folgenden Satz: „Man soll nie unterschätzen, welch große Bedeutung kleine Zeichen der Wertschätzung im Alltag haben können." Ich bin damit voll einverstanden. An jenem Tag wurde ich überschwänglich gelobt, so habe ich das zumindest erfahren. Es tat so gut, dass es sich fest in meine Erinnerung eingebrannt hat.

Anerkennung ist wärmer als Kleider.
Walter Fürst (»Billy«), Schweizer Aphoristiker

14. Oma Anzhela

Im Jahr 2010 kam eine 75-jährige Frau als staatenloser Flüchtling in den Niederlanden an. Sie wurde 1935 als Kind armenischer Eltern in Wank geboren, einem Ort in der damaligen Sowjetunion. Heute gehört diese Region zu Aserbaidschan und das hat zu einem merkwürdigen Problem geführt:

In Aserbaidschan wollte man Anzhela Balayan nicht als Staatsbürgerin anerkennen, weil sie ja in Russland geboren worden sei und man sie außerdem als Armenierin betrachtete. In Russland konnte sie keinen Pass beantragen, weil sie nicht innerhalb der heutigen Grenzen auf die Welt gekommen war. Auch in Armenien wollte man sie nicht haben, weil man sie als Aserbaidschanerin betrachtete.

Anzhela lebte einige Jahre illegal in Russland, dann folgte – mit 75 Jahren – die Flucht nach Holland. Sie kam alleine und wurde zuerst in das Asylbewerber-Zentrum in

Breda, dann in Delfzijl aufgenommen. Als die Nachricht kam, dass man ihr keine Aufenthaltsbewilligung geben würde, fand sie eine Unterkunft in einem sogenannten »Bett-Bad-Brot-Haus« in Groningen. In diesen Häusern, die eine Initiative verschiedener christlicher Kirchen und Einzelpersonen sind, werden Menschen aufgenommen, die nirgends hingehören und nirgendwohin gehen können. Von den Behörden wird das geduldet: Man bekommt kein Asyl, wird aber aufgefangen und betreut.

Anzhela muss schwer enttäuscht gewesen sein, als die niederländischen Behörden ihr mitteilten, dass sie nicht in Betracht kam für eine Aufenthaltsbewilligung. Doch zeigte sie sich dankbar über die Alternative in Groningen, obwohl das bedeutete, dass sie sich wiederum einstellen musste auf eine neue Umgebung und neue, unbekannte Menschen, mit denen sie unter einem Dach leben sollte. Alle diese Menschen hatten ihre eigene Biografie, eigene Erinnerungen und Probleme. Es waren alle heimatlose Reisende, die nur eins gemeinsam hatten: Sie lebten in der einen »Herberge«, wo noch Platz für sie war.

Dass unser Land und auch das Haus, in dem Anzhela nun aufgenommen worden war, tatsächlich eine richtige Heimat für die ältere Dame wurde, war vor allem ihrer persönlichen positiven Einstellung zu verdanken. Anzhela war trotz ihrer aussichtslosen Situation dankbar und zufrieden. Sie sagte oft: »Die Liebe, die ich hier erfahren darf, habe ich in meinem ganzen Leben noch nicht erlebt.« Umgekehrt war es so, dass diese freundliche und sanftmütige Frau anderen vorlebte, wie gut es ist, Frieden mit sich selbst und seinen Umständen zu haben und andere Menschen anzunehmen und zu lieben.

Anzhela wurde von ihren Mitbewohnern geliebt. Sie alle waren abgelehnt worden, sie alle waren heimatlos. In ihrer Mitte aber lebte diese ältere Dame, bei der keine Spur von Verzweiflung oder Bitterkeit zu finden war. Ihr Gemütszustand war nicht abhängig von ihren Umständen, denn sie kannte eine Geborgenheit bei Gott, die unerschütterlich war. Und so wurde sie ihren Mitbewohnern zum Segen.

Man nannte sie selten bei ihrem Namen; sie wurde für viele die Oma oder sogar die Mama. Und das Wunder war, dass sie in ihren Mitbewohnern etwas wachrief, das mit den Jahren fast verloren gegangen war: Mitmenschlichkeit, Liebe. Eine Mitbewohnerin sagte: »Meine Eltern sind früh gestorben, Anzhela war wie eine Mutter für mich. Was ich nicht tun konnte für meine Eltern, habe ich für sie getan.«

Es ist und tut gut, wenn es in unserer Mitte – in der Familie, im Freundeskreis, am Arbeitsplatz oder sonst wo – Menschen gibt, die zufrieden sind. Menschen, die sich nicht gefangen nehmen lassen von negativen Erfahrungen oder Umständen; Menschen, die nicht zynisch werden; Menschen, die ihre Hoffnung nicht aufgeben. Menschen, die, wie Anzhela, ihren Glauben leben und zeigen, dass Frieden mit Gott und mit sich selbst zufrieden und glücklich macht.

»Oma Anzhela« war 81 Jahre alt, als sie an einem Sonntag im Dezember 2016 starb. Sowohl bei der Gedenkfeier als auch bei ihrer Beerdigung, die von einem protestantischen Pfarrer und einem Priester der armenisch-apostolischen Kirche geleitet wurde, waren viele Menschen aus dem »Bett-Bad-Brot-Haus« anwesend.

Man wird sie vermissen, die staatenlose Segensbotin. Staatenlos war sie übrigens nur in den Augen dieser Welt, denn Anzhela war eine Bürgerin des Reiches Gottes. Ihre Geschichte ist von Anfang an bei Gott bekannt gewesen, sie war »registriert« im Buch des Lebens und ist nach ihrem Tod zu ihrem himmlischen Vater gezogen. Nun ist sie endlich und wirklich zu Hause.

Freut euch … darüber, dass eure Namen im Himmel geschrieben sind.
Jesus in Lukas 10,20

15. Aus der Luft gegriffen

Auf einer Freizeit in Deutschland spricht mich eine Frau an. Sie habe erfahren, dass ich Einladungen, einen Vortrag zu halten, nur dann annehmen würde, wenn mindestens 800 Zuhörer erwartet werden, für eine geringere Anzahl würde ich nicht kommen. Diese Information habe sie unruhig und mir gegenüber etwas argwöhnisch gemacht. Was sei das für eine Referentin, der es nur um die Masse geht und die kein Interesse an kleineren Gruppen hat?

Ich fühle mich, ehrlich gesagt, etwas gekränkt, sage aber zuerst mal nichts. Meine Gesprächspartnerin sieht aus, als geniere sie sich ein bisschen. »Die Frau, die mir das von Ihnen sagte, hatte das aus einer sehr zuverlässigen Quelle erfahren«, erklärt sie mir. »Es hat mich schon schockiert. Im Grunde hat es mir die Freude darauf verdorben, jetzt bei dieser Freizeit anwesend zu sein, wo Sie referieren. Ich war aber schon angemeldet und dann dachte ich mir: Wenn ich dort bin, könnte ich vielleicht nachfragen …«

Nachfragen sei eine gute Idee, sage ich der Frau. Denn vermeintlich zuverlässige Quellen sind nicht immer zuverlässig, und Gerüchte zu verbreiten, aus welchem Grund auch immer, ist leider seit Urzeiten eine beliebte Beschäftigung mancher Menschen. Falls dann der Empfänger der betreffenden Information auch noch von derselben Sorte ist, nimmt das Reden kein Ende, und alles, was man weitersagt, wird immer stärker verfremdet.

Ich erinnere mich an das Spiel »Stille Post«, das wir als Kinder gerne spielten. Wir saßen in einem Kreis, und einer von uns bekam eine Nachricht, die er der Person neben ihm weitersagen sollte. Dieses Weitersagen durfte selbstverständlich nicht laut geschehen, sondern man musste die Botschaft der nächsten Person ins Ohr flüstern. Weil dabei viel gekichert und gelacht wurde, konnte man aus dem Gesprochenen manchmal nicht klug werden und wusste dann nicht so richtig, was man weitersagen sollte.

Im Laufe des Spiels wurde so viel falsch verstanden, weggelassen, verdreht oder hinzufügt, dass das Endergebnis eine völlig andere Botschaft war als die ursprüngliche. Es war sehr lustig, wir haben dabei oft Tränen gelacht.

Schließlich war diese »stille Post« ja nur ein Spiel … Mit einer Moral, das schon. Für diejenigen, die sie sehen wollten.

Wir sitzen in einer ruhigen Ecke im Konferenzzentrum. Die Freizeit hat gestern begonnen, es handelt sich um eine Bibelwoche mit etwa 70 Teilnehmerinnen. In einem Monat soll ich in einem anderen Freizeitheim sprechen, dort werden etwa 30 Teilnehmerinnen erwartet. Das sind nicht direkt die großen Massen!

Ehrlich gesagt, bin ich eher froh, wenn wir nicht gleich mehrere Hundert Menschen sind. Denn wenn man einige Tage mit einer kleineren Gruppe unterwegs ist, lernt man sich etwas kennen, und es wird persönlicher. Wenn diese Bibeltage dazu dienen, dass Menschen entdecken, wie kostbar und aktuell die Bibel ist und wie gut es ist, den Gott der Bibel zu kennen und mit ihm zu leben, dann sind diese Tage »gelungen«. Solche Erfahrungen werden Kreise ziehen. In der eigenen Umgebung und weit darüber hinaus. Darum geht es!

Ich sage das der Frau, die mich angesprochen hat. Sie ist nach unserem Gespräch offensichtlich erleichtert, wenn auch vielleicht noch nicht ganz überzeugt. Ich ermutige sie, diese Woche einfach als Geschenk für sich anzunehmen und alles, was sie dabei hindert, loszulassen. Das will sie versuchen.

Solange wir auf dieser Erde leben, wird es böse Gerüchte über Menschen geben, und leider ist es oft richtig verführerisch, bei diesem »Spiel« mitzumachen, weil Gerüchte unsere Neugier entfachen. Besser ist es jedoch, nicht darauf einzugehen, sondern dem bösen »Flüsterspiel«, wenn möglich, ein Ende zu setzen.

Wem das Leben lieb ist und wer gute Tage sehen will,
der bewahre seine Zunge vor Bösem
und seine Lippen, dass sie nicht Trug reden.
1. Petrus 3,10

16. Zum Leben und zur Blüte berufen

Nach einem langen Winter, in dem Kälte und Nässe zu regieren schienen und heftige Stürme gegen unsere Küste donnerten und landeinwärts die Wälder kahl schlugen, sind nun die ersten kleinen Anzeichen des Frühlings sichtbar.

Es ist ein Wunder, dass sich bei aller Gewalt über der Erde *unter* der Erde Leben entfaltet hat. Dass sich in meinem Garten ein zartes Schneeglöckchen durch den knochenharten Boden hochgekämpft und es gewagt hat, sein Köpfchen in die böse Welt hinauszustecken. Ich stehe da und staune.

Am liebsten würde ich dem Glöckchen sagen, dass es sich schnellstens wieder zurückziehen soll. Dass es Kopf und Kragen riskiert, wenn es bleibt. Weil die Welt böse ist und Wind, Schnee und Stürme zurückkommen und wieder vieles vernichten werden. Ich möchte dem Glöckchen sagen, dass das immer so ist, dass das immer wieder so geschieht. Dass kostbares Leben von Gewalt bedroht oder sogar vernichtet wird. Dass Schönheit nicht geachtet, sondern zerstört wird. Dass man in dieser Welt Gefahr läuft, mit Füßen getreten oder sogar zertrampelt zu werden.

Das Schneeglöckchen ist sich all dieser Dinge nicht bewusst. Es wurde zum Leben erweckt, nun lebt es seine Berufung. Es wird sich entfalten und seine Schönheit zeigen. Es wird in aller Einfachheit strahlen, mir Freude machen und meinem noch winterkahlen Blumenbeet ein ganz anderes Aussehen verleihen. Das Glöckchen mag winzig klein und zart sein, dennoch wird seine Anwesenheit seine Umgebung verändern.

Zwei Tage sind vergangen, und was ich befürchtet habe, ist tatsächlich geschehen: Der Schnee ist zurückgekommen und hat die Erde bedeckt. Es ist eisig kalt, im Haus arbeitet die Heizung auf vollen Touren.

Ich weiß, dass die Vögel in diesen Tagen unbedingt zusätzliche Nahrung brauchen, weil ihre Kräfte sonst nachlassen und sie den Winter nicht überleben werden. Darum habe ich auf dem Futterbrett in meinem Garten schwere Winterkost für sie ausgestreut. Im Apfelbaum hängen Fettkugeln mit Samen.

Mein Einsatz wird geschätzt: Spatzen, Meisen, Amseln und Finken fliegen hin und her und versuchen, sich gegen die großen Jungs (Tauben, Elstern und Krähen) zu behaupten. Ein Rotkehlchen wagt sich dann und wann aufs Brett, aber nur, wenn es dort alleine ist. Gesungen wird in diesen Tagen nicht, es geht ausschließlich ums Überleben. Es wird gestritten und gekämpft.

Mein Schneeglöckchen ist verschwunden. Das hatte ich ja gewusst: dass kostbares Leben auf dieser Erde bedroht oder sogar vernichtet und dass Schönheit nicht geachtet, sondern zerstört wird! Der Schnee hat dieses junge Leben grausam im Keim erstickt. Ich bin traurig darüber, denn es war ein so lieblicher Frühlingsbote. Wie schade, dass nichts von ihm geblieben ist.

Doch ich habe mich getäuscht: Als der Schnee nach einigen Tagen geschmolzen ist, ist das Glöckchen noch da. Es sieht jämmerlich aus, denn es liegt schlaff auf der Erde. Die weißen Blütenblätter sind so durchnässt, dass sie fast durchsichtig geworden sind. Tot ist es aber nicht, nur umgekippt und kraftlos. So nehme ich das wahr, aber der Schein trügt. Als ich am nächsten Tag etwas in meiner Garage holen muss, bemerke ich erstaunt: Das Schneeglöckchen steht aufrecht und ringsherum sind sogar Zeichen der »Geburt« neuer Glöckchen sichtbar.

Die Spannkraft dieser zarten Blumen ist verblüffend. Sie lassen sich nicht aus dem Felde schlagen, sondern bleiben auch unter schwierigen Umständen und bei größtem Widerstand ihrer Berufung treu: Sie stehen auf und wenden sich dem Licht zu. Sie leben und sie strahlen.

Wer Ohren hat zu hören, der höre!
Jesus in Matthäus 13,9

17. Nur weitermachen!

Der Pianist Ignacy Jan Paderewski wurde 1860 in Kurylówka in der Ukraine geboren und starb 1941 in New York. Er war ein genialer und vielseitiger Mensch: ein begnadeter Musiker, ein kompetenter Politiker und Staatsmann, ein brillanter Redner und Linguist (er beherrschte sieben Sprachen) und noch einiges mehr. Ein »superlativer Mensch«, so hat ihn der Autor Charles Phillips im Jahr 1934 beschrieben.

Paderewskis künstlerische Karriere begann, als er 27 Jahre alt war, und brachte ihn rund um die Welt. Er gab Konzerte in Europa, Australien, Afrika und den Vereinigten Staaten. Allein in Amerika trat er mehr als 1500 Mal auf. Und immer waren die Konzertsäle überfüllt.

Wenn er per Zug reiste (in seinem eigenen Pullman-Waggon mit mehreren Klavieren und Flügeln, weil er unterwegs übte und komponierte), waren immer ganze Volksmengen auf den Beinen, um ihn am Bahnhof zu begrüßen und zum Konzertsaal zu begleiten (oder um ihm zuzuwinken, wenn er vorbeifuhr).

Der Pianist liebte es, gefeiert zu werden, aber er wurde dadurch in keinerlei Weise eingebildet oder unnahbar. Als einmal ein Zug aus Montana von einem Schneesturm aufgehalten wurde, soll er erst mit seinem Rezital begonnen haben, nachdem alle Reisenden angekommen waren und ihren Sitzplatz eingenommen hatten. Und wenn sein Publikum ihn am Ende eines Konzerts nicht gehen lassen wollte (was immer wieder vorkam), war er durchaus bereit weiterzuspielen, manchmal sogar noch über eine Stunde lang.

Eine Geschichte, die mich besonders bewegt, hat sich in einem Konzertsaal irgendwo in Amerika ereignet. Wie üblich waren die Zuhörer in großer Zahl angereist, es war kein Platz mehr frei.

Im Publikum befand sich eine Mutter mit ihrem etwa achtjährigen Sohn. Der Kleine hatte ganz kurze Zeit Klavierunterricht gehabt, aber nun fehlte ihm die Lust zum Weitermachen. Seine Mutter, die das sehr bedauerte, hatte ihn in dieses Konzert mitgenommen in der Hoffnung, dass er durch das Hören und Sehen des großen Pianisten motiviert würde, seine Klavierstunden wieder aufzunehmen. Ob das tatsächlich geschehen ist, ist nicht bekannt. Doch an diesem Abend erlebte die Mutter einen gleichzeitig haarsträubenden und unvergesslichen Moment: den ersten (und vielleicht auch letzten) musikalischen Auftritt ihres Sohnes.

Während die Anwesenden sich in der Erwartung des Dirigenten und Solisten miteinander unterhielten, war auch die Mutter des Jungen mit ihrer Nachbarin im Gespräch. Es war eine so rege Unterhaltung, dass sie gar nicht bemerkte, wie ihr Sohn vom Stuhl neben ihr hinunterrutschte und verschwand …

Groß war das Erstaunen des Publikums, als ein kleiner Junge auf dem Podium erschien, zielstrebig auf den Flügel zulief und auf dem Schemel Platz nahm. Als ob ihm gar nicht bewusst wäre, dass er das nicht durfte, begann er arglos, mit zwei Fingern eine bekannte Melodie für Anfänger zu spielen. Im Konzertsaal stieß man sich aufgeregt an und hielt den Atem an. Die Mutter des Jungen war starr vor Entsetzen.

Als Paderewski hinter den Kulissen erfuhr, was sich gerade auf der Bühne ereignete, zögerte er keinen Moment. Er ging nach vorne, stellte sich hinter den kleinen Jungen, beugte sich über ihn und fing an mitzuspielen.

Im Saal wurde es mucksmäuschenstill, als die zögerlichen Töne des Jungen zu einem wunderschönen Klavierstück wurden. Nur der hörte, was Paderewski ihm beim Spielen zuflüsterte: »Spiel weiter, Kleiner! Hör nicht auf. Hörst du, wie schön das klingt, wenn wir gemeinsam spielen?!«

Der große Pianist ist wie unser himmlischer Vater. Während wir in aller Gebrechlichkeit unsere Noten spielen, umfängt er uns mit seinen Armen und flüstert: »Weitermachen!« Er umgibt uns mit seiner Liebe und segnet das Werk unserer Hände.

Achtet doch auf ihn …,
damit ihr nicht müde werdet und den Mut verliert!
Hebräer 12,3

18. Holger

Er ist demenzkrank und wurde lange zu Hause von seiner Frau versorgt. Dann aber ging es nicht mehr und er musste umziehen. In einem christlichen Heim in seinem Wohnort wurde ein Zimmer für ihn eingerichtet. Seine Frau hat ein paar neue Möbel gekauft, an der Wand hängen Zeichnungen der Enkel.

Er selbst kann nicht so richtig verstehen, was los ist. Das Einzige, was er weiß, ist, dass er nach Hause gehen will. Er fragt immer wieder danach. Wenn die Krankenpfleger oder auch seine Frau ihm sagen, dass das momentan nicht geht, drängt er nicht, sondern fügt sich geduldig. In seinen Augen und seiner Haltung sieht man jedoch sein Nichtverstehen und seine Trauer.

Er baut stark ab; das Sichbewegen wird immer mühsamer. Spazierengehen ist fast nicht mehr möglich, es ist außerdem verwirrend. Er kennt die Straße und kennt sie auch wieder nicht. Die Herbstblätter auf dem Gehweg hält er für Hundedreck, er ist nicht bereit, einen Schritt weiterzugehen. Ihn mitzunehmen im Auto, ist auch nicht mehr möglich, weil er nicht unbedingt ruhig sitzen bleibt, sondern auf einmal aussteigen will. Seine Welt wird immer kleiner. Und beängstigender, auch das.

Er soll anonym bleiben, in dieser Geschichte nenne ich ihn Holger. Er war eine starke Persönlichkeit, ein Mann Gottes mit einer großen Liebe zur Bibel und einer Leidenschaft für die Verbreitung der christlichen Botschaft. Er gehörte zu den Visionären, er hatte immer gute Ideen, er stand an der Wiege mehrerer christlicher Werke, hat Konferenzen organisiert und ein großes Netzwerk aufgebaut.

Ein Mann Gottes ist er noch immer, sein Vertrauen auf den Herrn ist nach wie vor stark. Ideen haben und ausführen geht aber nicht mehr. Ein Visionär ist er trotzdem nach wie vor. Das wird deutlich, als ich ihn besuche und sich beim Kaffeetrinken ein faszinierendes Gespräch entwickelt.

»Ich muss dir etwas sagen«, beginnt er und schaut mich an, als seien wir Verschworene. »Ich habe zwei vermögende Damen kennengelernt, die mir zwei Millionen Euro anvertrauen wollen für ein christliches Projekt. Sie haben mir gesagt, dass ich bestimmen darf, wie dieses Geld verwendet wird.«

Er beugt sich nach vorne und blickt mich durchdringend an. »Es ist ein Wunder«, sagt er dann. »So etwas geschieht nur selten. Es ist eine immense Verantwortung, über so viel Geld zu verfügen. Ich will gut damit umgehen, diese zwei Millionen sollen zur Ehre Gottes eingesetzt werden.« Er wirkt verwundert und dankbar und fest entschlossen, dieses Projekt zu einem guten Ende zu bringen.

In seiner Haltung erkenne ich etwas, was ich lange Zeit nicht gesehen habe: Begeisterung, Leidenschaft. In diesem Heim, wo die meisten Bewohner in sich gekehrt sind und ein gutes Gespräch nicht mehr möglich ist, ist Holger auf einmal so lebendig und passioniert, wie ich ihn früher gekannt habe. Seine Stimme ist kräftig, sein Gesicht nicht mehr angespannt, sondern gelöst und glücklich.

Ich versuche, diesen Moment festzuhalten. »Wow«, sage ich, »das ist wunderbar, was du mir erzählst. Du bist zwei Menschen begegnet, die dir einiges, nein: Großes anvertraut haben, womit du Gott dienen kannst.«

»Ja«, bestätigt er. »Ich kann es kaum glauben, ich überlege andauernd, was ich tun soll. Ich will nicht übereilt handeln, sondern warten, bis mir klar ist, was zu tun ist. Was mich momentan beschäftigt, ist, ob wir dieses Geld nicht irgendwie in ein christliches Zentrum investieren sollen. Einen Ort, wo Gott geehrt und sein Wort verkündigt wird …«

Er schaut mich noch immer an, aber irgendetwas verändert sich gerade, das kann ich beobachten. Es ist, als gehe ein Vorhang zu. Holger lehnt sich in seinem Sessel zurück und sieht mich unsicher an. Seine Augen wirken müde, seine Hände, die gerade noch lebhaft unterstrichen haben, was er sagte, liegen nun bewegungslos in seinem Schoß. Der Moment ist vorbei; es ist, als sei das Licht ausgegangen. Die Gedanken sind fortgeflogen, der Traum ist aus.

Wir bleiben noch kurz sitzen, ich merke aber, dass Holger unruhig wird. »Komm«, sage ich. »Ich begleite dich zu deinem Zimmer, vielleicht ist es dran, dich etwas auszuruhen.«

Er nickt und steht mühsam auf.

Als wir gemeinsam den Raum verlassen und mit dem Aufzug zu seiner Abteilung fahren, zerreißt mir seine fast kindliche Folgsamkeit das Herz. Wo ist der selbstbewusste Mensch, den ich gekannt habe? Wo ist der Visionär, der von großen Projekten geträumt und diese auch angepackt und durchgeführt hat?

»Er ist noch da«, sagt eine Stimme in mir. »Bedenke, was ihr gerade beredet habt. Diese ›Vermögensgeschichte‹ mag sich nur in Holgers Gedanken abgespielt haben, aber hast du bemerkt, was geschah? Das alte Feuer kam zurück, es zeigte sich Holgers Herz für Gottes Sache und Ehre, er sprach von Zuverlässigkeit und von verantwortungsvoller Verwaltung dessen, was uns anvertraut wird. Und er dachte noch immer in großen Dimensionen! Eine Million Euro wäre schon viel gewesen, er redete aber gleich von zwei Millionen!

Die Demenzkrankheit mag seine Persönlichkeit verhüllen und ihm die Fähigkeiten, die er hatte, nehmen. Das ist aber nicht die ganze Geschichte. Wir stehen in der Gefahr, den alten starken Holger vom heutigen hilflosen Holger überschatten zu lassen. Gott aber sieht ein Herz, das für ihn schlägt. Er kennt Holger vollkommen und er legt seine Hand auf ihn.«

Habe ich mir das nur selbst eingeredet oder hat etwa Gott zu mir gesprochen? Ich fühle mich auf jeden Fall getröstet. Als ich mich schließlich von Holger verabschiede, weiß ich: »Der Herr ist da und er bleibt da. Er wird sein Kind nicht loslassen, sondern wird in diesem ganzen schmerzhaften Prozess des Verfalls in und bei ihm bleiben. Es ist letztendlich nur der äußerliche, der sichtbare Mensch, der vergeht. Das schmerzt, aber dieser Schmerz ist zeitlich. Es kommt die Zeit, in der der Herr Holger zu sich holen wird. Im Himmel wird dieser treue Diener Gottes willkommen geheißen und aufgenommen werden. Dann wird alles, was unvollkommen und schmerzhaft war, vergessen sein.«

**Holger ist inzwischen zu seinem Herrn heimgekehrt.

(Du) hältst deine Hand über mir …
Psalm 139,5

19. Die Studentenkonferenz

Als ich vor einigen Jahren eingeladen wurde, bei einer internationalen Studentenkonferenz Vorträge zu halten, kam mir die Idee, einige Studenten aus den Niederlanden mitzunehmen. Die Organisation, die mich angefragt hatte, stimmte zu, und die niederländische Studentenmission gab die Einladung bekannt.

Kurz darauf meldeten sich zwei Studentinnen, die gerne mitfahren wollten. Wir vereinbarten, dass ich sie am Abreisetag am Bahnhof der Stadt, wo sie studierten, abholen würde.

Es war noch früh, als ich mein Auto beladen hatte und reisefertig war. Da klingelte das Telefon. Es war eine der beiden Studentinnen; sie war unterwegs zum Bahnhof. »Stell dir vor«, sagte sie, »ich habe mein Schlafzeug vergessen. Kannst du vielleicht einen Pyjama für mich mitnehmen?«

Ich sagte etwas überrascht zu, dann dachte ich fieberhaft nach. Ich fragte mich, ob ich, inzwischen Anfang sechzig, einen Pyjama besaß, in dem eine junge Studentin mehrere Nächte in einem Schlafsaal überstehen würde, ohne in Verlegenheit zu geraten?

Zum Glück fand ich nach einer kurzen Suche ganz hinten im Kleiderschrank ein Exemplar, das ich vor Jahren am Nikolausabend geschenkt bekommen und längst vergessen hatte. Für diese Gelegenheit schien es mir jedoch durchaus passend zu sein: rosarot, mit Hosen im Schottenkaro und auf dem Oberteil das Bild eines »Whiskyhundes«. Kurz gesagt: ein Pyjama, mit dem man sich sehen lassen konnte.

Am Bahnhof standen die zwei Mädchen schon bereit. Ich hatte den Eindruck, dass das »Pyjamakind« ziemlich erschöpft aussah, und dieser Eindruck stimmte. Sie schaffte es nämlich gerade noch sich vorzustellen, dann sagte sie: »Ich möchte gerne hinten sitzen, denn ich bin total k. o. und brauche Schlaf.« Sie öffnete die Tür, stieg ein und machte es sich bequem.

Der zweiten Studentin blieb nichts anderes übrig, als sich vorne neben mich zu setzen. Sie schien nichts dagegen zu haben, weil sie gerne reden wollte. In den nächsten Stunden haben wir beide uns rege miteinander unterhalten. Dabei ging es unter anderem darum, wie man als Christ lebt, wie man herausfinden kann, was Gott mit einem vorhat, und was notwendig ist, um geistlich zu wachsen. Begleitet von einem leisen Schnarchen hinter uns wurden manche wichtige Themen erörtert.

Als wir am Ziel ankamen, war die Pyjamastudentin wieder fit. Sie und ihre Studienkollegin ließen sich von mir der Konferenzleitung vorstellen, dann wurden sie zum Schlafsaal mitgenommen, wo sie ihre Schlafmatten ausrollen und ihre Sachen ablegen konnten. Etwa zwei Stunden später begann die Konferenz.

In den darauffolgenden Tagen habe ich »meine« Studentinnen kaum gesehen. Eine der beiden sichtete ich einmal beim Küchendienst: Sie sammelte Geschirr ein und wischte Tische ab. Die andere sah ich einmal auf dem Weg zu dem einen oder anderen Seminar. Ansonsten blieben sie unsichtbar in der Studentenmasse. Ich nahm an, dass sie neue Freunde gefunden hatten und aufgingen in allem, was geboten wurde.

Dann kam der Abreisetag. Ich hatte mit den beiden Mädchen ausgemacht, dass wir uns um 14 Uhr beim Auto treffen würden. Die eine Studentin war pünktlich, sie stand schon beim Auto, als ich dort ankam. Von der zweiten Studentin keine Spur. Eine gute Viertelstunde später, als wir das Auto schon gepackt und uns von der Leitung verabschiedet hatten, erschien ein Bienenschwarm junger Studenten. Es waren die Begleiter(innen) der

Pyjamastudentin. Offensichtlich hatte sie es gut gehabt und viele neue Kontakte geknüpft. Ein junger Mann trug ihren Rucksack, ein anderer hatte ihre Schlafmatte unter dem Arm. Beim Auto angekommen, wurde sie groß von allen verabschiedet. Es wurden Handynummern ausgetauscht und sie wurde mehrmals innig umarmt und gedrückt. Es war ein richtiges Spektakel, das damit endete, dass sie die hintere Tür meines Autos aufmachte und die Worte sprach, die wir auf dem Hinweg schon gehört hatten: »Ich möchte gerne hinten sitzen, denn ich bin total k. o. und brauche Schlaf!«

Inzwischen sind mehrere Jahre vergangen. Die eine Studentin ist ziemlich bald nach Abschluss ihres Studiums in die Mission gegangen. Sie lebt seit einigen Jahren in einem heruntergekommenen Viertel einer großen Stadt. Unter den Menschen in ihrem Umfeld sind viele Arbeitslose, Alkoholiker und gestrandete Jugendliche. Mit einem kleinen Team setzt sie sich für die Jugend ein und für die Gemeinde, die dort am Entstehen ist. Die Fotos in ihren »Freundesbriefen« zeigen eine strahlende junge Frau, die offensichtlich am richtigen Platz ist.

Von der Pyjamastudentin weiß ich leider nichts. Sie war ein ganz anderer Typ als ihre Studienkollegin. Sie erinnerte mich an einen zarten und lebensfrohen Schmetterling, der keine Blume auslassen will, weil sie alle wunderschön sind, dann aber erschöpft vom vielen Nektar niedersinkt und sich erholen muss. Ich hätte gerne gewusst, wie es ihr weiter ergangen ist, aber ich habe sie aus den Augen verloren.

Sicher ist, dass unser himmlischer Vater mit diesen beiden so verschiedenen jungen Frauen individuell Geschichte schreiben wird, je nach ihrem Charakter und ihren Fähigkeiten. Er wird mit beiden ans Ziel kommen.

Mein Pyjama bekam direkt nach der Studentenfreizeit eine neue Bestimmung: Er ging mit der Kleidersendung einer Hilfsorganisation mit.

Ich danke meinem Gott, sooft ich an euch denke …
weil ich davon überzeugt bin, dass der,
welcher in euch ein gutes Werk angefangen hat,
es auch vollenden wird …
Paulus in Philipper 1,3–6

20. Mit mir kannst du rechnen …?

In der Straße, wo ich lebe, geschieht wenig. Na ja, relativ wenig. Die (mittlerweile frühere) Bewohnerin des Hauses gegenüber wachte eines Nachts auf, weil ein Licht durch ihr Schlafzimmer streifte. Anfangs meinte sie, dass es die Lichter eines vorbeifahrenden Autos seien. Als sie aber ihre Augen richtig aufmachte, brannte das Licht im Gang, die Tür zu ihrem Schlafzimmer war geöffnet, und es standen zwei Männer auf der Schwelle.

Es ist inzwischen einige Jahre her, dass das geschehen ist, aber dann und wann wird noch darüber gesprochen, und jedes Mal schaudere ich vor Aufregung und Angst. Die alte Dame ist übrigens gut davongekommen, denn die Einbrecher, die sich Zugang zu ihrem Haus verschafft hatten, waren offensichtlich unerfahren. Sie müssen davon ausgegangen sein, dass niemand zu Hause wäre. Als sie dann im Schlafzimmer die Bewohnerin erblickten, waren sie so erschrocken, dass sie eilig die Flucht ergriffen. Daraufhin hat die hochbetagte Dame direkt die Polizei verständigt und ihren Sohn angerufen.

Am Morgen nach dem Einbruch hat sich herausgestellt, dass der Nachbar in der anderen Hälfte des Doppelhauses das Ganze mitbekommen hatte. Er war aufgewacht, weil er bei der Nachbarin Geräusche hörte, und hatte durchs Fenster seines Schlafzimmers gesehen, wie zwei Männer daran arbeiteten, die hintere Tür des Nebenhauses aufzubrechen. Das geschah mit ordentlicher Gewalt, wobei ein großes Fenster mit lautem Klirren zerbrach.

»Ich war so nervös«, sagte der Nachbar mir am nächsten Morgen, »dass ich Angst hatte, einen Herzinfarkt zu bekommen. Ich habe mich direkt hingelegt und die Bettdecke über mich gezogen, um alles auszublenden. Es sind ganz unsichere Zeiten, man weiß nicht, was kommt.«

Seine Frau, die sich inzwischen zu uns gesellt hatte, nickte. »Ich habe nichts gehört, weil die Einbrecher hinten am Werk waren«, sagte sie. »Mein Schlafzimmer befindet sich ja an der Vorderseite unseres Hauses. Mein Mann und ich schlafen getrennt, weil er furchtbar schnarcht. Er ist dann ganz aufgeregt in mein Zimmer gekommen und hat mir gesagt, dass bei der Nachbarin etwas nicht stimmt. Wir hörten sie dann reden, das hat uns beruhigt. Erst später ist uns bewusst geworden, dass die Nachbarin in dem Moment mit der Polizei telefoniert haben muss. Kurz darauf sind die Polizisten auch eingetroffen, das haben wir alles durchs Fenster mitbekommen.«

Es ist merkwürdig: Der Nachbar hat nichts unternommen, während er doch ein sehr hilfsbereiter Mensch ist. Sowohl er als auch seine Frau sind Menschen, die ein Herz für andere haben. Nach ihrer alten Nachbarin zu schauen, ist für sie selbstverständlich; mir oder anderen in der Straße bei irgendetwas zu helfen, ist nie ein Problem. Sie sagen es auch laut: »Lass uns einfach wissen, wenn du Hilfe brauchst, wir helfen dir gerne.« Oder: »Wenn wir Unheil bei dir wittern, sind wir gleich da!« Beim Einbruch im Haus nebenan aber hat es nicht geklappt: Der Nachbar hat sich zurückgezogen.

Bei mir hat diese Geschichte noch lange nachgewirkt. Und zwar hat mich vor allem beschäftigt, dass ein »Du kannst mit mir (oder uns) rechnen« immer gut gemeint, aber vielleicht doch auch oft (zu) schnell gesagt ist. Helfen in dem Sinne, dass man für einen Kranken eine Suppe kocht, jemanden zum Arzt fährt oder mal eine Kleinigkeit (Einkaufen oder Gartenarbeit) für einen anderen erledigt, ist durchaus machbar, es kostet nur etwas Zeit und Energie. Was ist aber, wenn mehr gefragt ist? Und was, wenn das »mehr« ein gewisses Risiko oder sogar eine echte Gefahr für uns selbst mit sich bringen könnte? Ich weiß ehrlich gesagt nicht, wie tapfer ich selbst in einer solchen Situation wäre. Es ist nicht auszuschließen, dass ich in bedrohlichen Situationen wie mein Nachbar gelähmt wäre vor Schrecken und Angst.

Der Apostel Paulus musste erleben, dass viele sich unter dem Druck der Verfolgung von ihm abwandten. In seinem zweiten Brief an Timotheus erwähnt er Onesiphorus als einen, der sich nicht dafür geschämt hat, ihn zu besuchen und sich um seine Bedürfnisse zu kümmern, als er in Rom inhaftiert worden war.* Es hat Paulus enttäuscht, dass Menschen ihn im Stich ließen, als es schwierig wurde, dennoch reagierte er milde. Etwas weiter in seinem zweiten Brief an Timotheus schreibt er: »Bei meiner ersten Verteidigung stand mir niemand bei, sondern alle verließen mich.« Dann fügt er hinzu: »Es werde ihnen nicht angerechnet!«**

Einander beizustehen ist gut, aber es kostet auch etwas. Manchmal schaffen wir es eben nicht, aus welchem Grund auch immer. Der Apostel Paulus hegte keinen Groll gegen diejenigen, die es nicht schafften, ihm zu helfen, er trug es ihnen auch nicht nach. Meinem Nachbarn sollte man es auch nicht nachtragen, dass er nichts

* 2. Timotheus 1,15–17;
** 2. Timotheus 4,16

unternahm, als er merkte, dass im Nebenhaus eingebrochen wurde. Weder Egoismus noch Gleichgültigkeit waren in beiden Fällen der Grund dafür, dass diese Menschen es versäumten, ihren Mitmenschen zu helfen. Es war ihre Angst, die ihnen im Wege stand.

Wir sind dazu herausgefordert, über unseren eigenen Schatten zu springen, anstatt uns von ihm aufhalten zu lassen. Nur so können wir andere von Herzen lieben und ihnen, so möglich, helfen. Wie gut, dass wir dabei mit Gott rechnen dürfen, der uns beistehen und stärken will und wird.

Verweigere keine Wohltat dem, welchem sie zukommt, wenn es in der Macht deiner Hände liegt, sie zu erweisen!
Sprüche 3,27

21. Eva

Mein Navi heißt Eva. Sie spricht mit einem flämischen Akzent und hat eine freundliche Stimme und Art. Zwar neigt sie dazu, etwas bevormundend zu sein; ich muss aber zugeben, dass sie meistens recht hat.

Das darf sie übrigens nicht hochmütig machen, denn ich bin nicht dumm, im navilosen Zeitalter bin ich immer ans Ziel gekommen. Natürlich ist es vorgekommen, dass ich unterwegs mal nachfragen musste, aber das hat seine Vorteile: So hat man, wenn man alleine reist, dann und wann ein nettes Gespräch.

Eva darf also nicht denken, dass ich ohne sie nicht auskommen könnte! Sie soll sich auch dessen bewusst sein, dass es ärgerlich ist, wenn sie sich immer wieder meldet. Ich finde das richtig störend, dass sie sich ohne Vorwarnung einmischt, wenn ich gedankenverloren am Steuer sitze und die Stille genieße. »Biegen Sie rechts ab«, sagt sie (komisch, nach all den Jahren und unzählbaren gemeinsamen Kilometern sagt sie noch immer Sie zu mir). Ich höre ihre Botschaft, dennoch befolge ich nicht immer gleich, was Eva sagt. Sie darf mich nicht bevormunden, sie ist nicht die Chefin, ich habe auch eine Meinung!

Wenn ich gerade auf einer sehr schönen Landstraße fahre und Eva will, dass ich diese verlasse, tue ich, als höre ich sie nicht. Der Raps blüht gerade, die Felder sind in leuchtendes Gelb gehüllt, es wäre einfach dumm, diese wunderschöne Umgebung zu verlassen.

Eva aber hält fest an ihren Ideen. Sie kann ziemlich hartnäckig sein. Wenn ich ihre Anweisungen ignoriert habe und weiter geradeaus gefahren bin, anstatt abzubiegen, oder wenn ich einen anderen Weg eingeschlagen habe, schweigt sie eine Weile verdutzt, dann aber meldet sie sich wieder. »Versuchen Sie zu wenden«, sagt sie ernsthaft. Und kurz darauf wieder: »Versuchen Sie zu wenden.«

Ich lächle und tue, als höre ich sie nicht. Etwas gemein ist das schon, sie meint es ja gut. Manchmal aber sehe ich die Dinge eben anders als sie. Außerdem: Wenden kann ich, also kann sie das »Versuchen Sie« ruhig weglassen.

Nun bleibt es stille. Mit einem Auge sehe ich, wie sich allerhand tut auf dem kleinen Bildschirm am Armaturenbrett meines Autos. Und dann, voilà, erscheint eine neue, angepasste Route. Es ist vielleicht ein kleiner Umweg bis zum Ziel, aber ich darf auf »meinem Weg« weiterfahren und werde auch so dorthin kommen, wo ich erwartet werde. Dafür sorgt dann doch meine Eva. Ich finde es rührend, dass sie mich nicht verlässt, wie ich sie ja gerade verlassen habe. Sie bleibt bei mir, sie meint es nach wie vor gut mit mir. Sie nimmt den kleinen Umweg in Kauf.

Es kommt leider öfter vor, dass ich auf der Autobahn in einem Stau stecke. Während ich in einem frustrierenden Schneckentempo vorwärtsschleiche, überlege ich, was zu tun ist: Bleibe ich auf der Autobahn in der Hoffnung, dass sich der Stau in Kürze auflösen wird, oder nehme ich die nächste Ausfahrt?

»Was meinst du, Eva?«, frage ich in solchen Fällen (Ja, ich dutze sie!). »Gibt es eine Alternative? Kann ich von der Autobahn herunterfahren und du führst mich dann über einen anderen Weg weiter?« Sie antwortet nicht, das weiß ich aus Erfahrung; sie denkt aber mit, was ich sympathisch finde.

Irgendwann entscheide ich dann doch selbst: Ich verlasse die Autobahn, weil ich der Meinung bin, dass das vernünftig ist und weil Eva sich nicht mehr gemeldet hat. Frustrierend ist allerdings, dass sie sich jetzt gleich meldet. Es erklingt das vertraute »Versuchen Sie zu wenden«. Wieder mache ich das nicht und wieder führt mich Eva trotzdem weiter. Sie ist nicht aus der Fassung zu bringen. Und, o Wunder, sie lässt mich nicht hängen, wenn ich eigensinnig bin. Sie geht mir nach und holt mich ab. Sie führt mich weiter, fest entschlossen, mich dorthin zu bringen, wo ich ankommen muss. Sie hält zu mir, ist einfach unendlich treu. Eigentlich sollte ich ihr dafür danken, aber meistens nehme ich das einfach so hin, als hätte ich ein Recht darauf.

Meine Eva gibt mir Anweisungen von oben, sie wird ja von einem Satelliten gesteuert. Ich verstehe nicht genau, wie das alles funktioniert; in meinen Augen ist es ein Wunder. Eins weiß ich aber: Während meine Kenntnisse und meine Sicht sehr begrenzt sind, kennt sich Eva aus, weiß Eva Bescheid. Mit ihr kann ich mich ohne Sorgen auf den Weg machen.

Anweisungen von oben schenkt mir mein himmlischer Vater auch. Wie meine Eva macht auch er das behutsam und liebevoll. Er zwingt mich nicht, in eine bestimmte Richtung zu gehen, dennoch ist ihm alles daran gelegen, dass er mit mir ans Ziel kommt.

Manchmal gibt es Umwege, weil ich nicht auf ihn höre, dann aber führt er mich wieder auf die »rechte Straße«. Manchmal verliere ich viel Zeit, weil ich nicht bereit bin, ihn zu suchen und zu befragen, sondern eigenständig handle. Dann … wartet er, ohne mich zu drängen. In diesem ganzen »Prozess« verliert er mich nie aus den Augen.

Mein himmlischer Vater ist der Beste – sein Wissen geht weit über meinen menschlichen Verstand hinaus, seine Geduld ist unermesslich groß, seine Treue überwältigend. Er hat mich lieb.

Er führt mich auf rechter Straße um seines Namens willen.
Psalm 23,3

22. Das Krafttraining

Es ist Freitag, am Nachmittag werde ich im Zentrum für Physiotherapie in meinem Wohnort erwartet. Nachdem ich nach einem Sturz mein Knie eine Zeit lang schonen musste, ist es nun dran, die Beinmuskeln zu trainieren. Jeden Freitag und jeden Dienstag melde ich mich deshalb im Trainingsraum, bekomme meinen Auftragszettel und gehe an die Arbeit.

Furchtbar langweilig finde ich es, meine Runde zu machen und auf verschiedenen Geräten unsinnige Übungen zu absolvieren. Unsinnig werden sie übrigens nicht sein, ich empfinde es aber so. Und ich bin, was diese Meinung betrifft, in guter Gesellschaft. Hat nicht der Apostel Paulus in seinem Brief an Timotheus geschrieben, dass leibliche Übung wenig nützt?*

Ich ermahne mich wegen dieses Gedankens: Man soll

* 1. Timotheus 4,8

einen Bibelvers immer im Kontext lesen und nie »isolieren«, um ihn für seine eigenen Zwecke zu missbrauchen. Stimmt, aber trotzdem! Gewichte mit den Beinen wegzudrücken oder Hanteln zu stemmen, das ist einfach nicht mein Ding. Und es geht offensichtlich nicht nur mir so. An diesem grauen und regnerischen Freitagnachmittag ist die Stimmung im Trainingssaal rundum bedrückend.

Da kommt ein Mann in den Raum. Ich kenne ihn vom Sehen her, denn er ist auch jeden Dienstag und Freitag hier. Er wirkt immer etwas müde, ihm macht dieses Training offensichtlich auch keinen Spaß. Er zieht Sportschuhe an und grüßt mich gelassen, dann steigt er etwas mürrisch auf das Fahrrad, das immer am selben Fleck stehen bleibt, wie fest man auch in die Pedale tritt. Nach zehn Minuten hat er seinen Kilometer – im Stillstand – hinter sich gebracht, nun geht er äußerst träge zu dem Schrank, wo sich die Gewichte befinden, mit denen er jetzt arbeiten soll.

Ein Physiotherapeut blickt kurz in den Saal und fragt uns, ob alles »gelingt«. Der Mann mit den Gewichten hat sich hingesetzt und nickt kaum sichtbar. Ich bitte um Hilfe beim Einstellen des nächsten Gerätes. Jetzt ist das Schwingen meiner Beine dran, auch ich habe jetzt mit Gewichten zu kämpfen.

Da erscheint die dritte Person in unserem Dienstag-Freitag-Bunde. Es ist ein älterer Herr, der immer fröhlich ist. Er soll fast 89 sein, dennoch steigt er frohgemut auf das Laufband, das ihn in den nächsten zwanzig Minuten nirgendwohin bringen wird. Seine Physiotherapeutin bleibt bei ihm und sorgt dafür, dass er eine Zeit lang auf ebener Bahn geht. Anschließend stellt sie das Gerät auf »bergauf«, dann wieder geht es »bergab«. Es sieht richtig anstrengend aus, der alte Herr bleibt aber guten Mutes und fängt nach einigen Minuten an zu singen. Sein erstes Lied ist die französische Nationalhymne. »Allons enfants de la Patrie«, singt er und trommelt dabei begeistert mit seinen Händen auf die Griffe des Sportgerätes. »Allons enfants de la Patrie!« (»Auf, Kinder des Vaterlandes!«)

Ich weiß, was nun kommt, denn ich habe die Marseillaise als Kind im Französischunterricht in der Schule gelernt: »Le jour de gloire est arrivé!« (»Der Tag des Ruhmes ist gekommen!«) *Le jour de gloire* …!!! Ich finde, ehrlich gesagt, nichts Glorreiches an diesem Tag im Trainingsraum. Draußen sieht es inzwischen bedrohlich düster aus und es gießt wie aus Kübeln. Beim Training wird geseufzt und gelitten.

Der alte Mann aber singt munter weiter. Er ist beim Refrain der Marseillaise angekommen: »Marchons, marchons!« (»Lasst uns marschieren, marschieren!«).

Auf dem Laufband geht es inzwischen bergauf; er muss sein Lied unterbrechen, denn er ringt ein bisschen nach Atem. Seine Physiotherapeutin verringert das Tempo des Laufbandes, daraufhin streckt er den Rücken, atmet tief durch und stimmt die niederländische Nationalhymne an. Das funktioniert leider nicht so gut, weil dieses Lied eher würdevoll gesungen werden muss und man dabei schlecht marschieren kann. Auf dem Laufband wird das sichtbar: Mund- und »Beinwerk« unseres Sängers kommen aus dem Takt, er muss aufgeben.

Ob seine Begleiterin vielleicht einen Liedvorschlag hat?

Sie schüttelt ihren Kopf und denkt nach.

Im Trainingsraum hat sich die Stimmung allmählich verändert. Wir sind jetzt noch ein paar mehr, und die, die eher passiv waren, sind aus ihrer Lethargie erwacht. Der Auftritt am Laufband ist erheiternd, einige haben es sogar gewagt, leise mitzusummen.

Nun erklingt wieder ein neues Lied, das der alte Mann offensichtlich noch in seinem Repertoire hat. »De paden op, de lanen in, vooruit met frisse zin!« (»Auf, zu den Pfaden und Wegen, auf, mit frischem Willen!«) Hier zeigt sich das Alter des musikalischen Greises, denn dieses niederländische Marschlied stammt aus einem uralten Liederbuch, das mittlerweile zu den Antiquitäten zählt.

Die Physiotherapeutin kann erstaunlicherweise ein paar Zeilen mitsingen, dann ist sie mit ihren Kenntnissen am Ende. Der tapfere Bandläufer ist inzwischen richtig außer Atem geraten, deshalb hört er ebenfalls auf zu singen. Er hat nur noch wenige Minuten auf dem Laufband zu gehen, dann darf er Schluss machen.

Auch ich habe mein Übungsprogramm nun fast vollendet. Es ist mir dieses Mal nicht so schwergefallen, denn dieses kleine Spektakel hat Spaß gemacht und mich inspiriert. Ich nehme mir fest vor, das nächste Mal mit einer positiven Einstellung meine Trainingsrunde zu machen. Der alte, fitte Mann auf dem Laufband ist mir ein gutes Vorbild gewesen.

Als ich aufstehe und meine Sachen einsammle, geht die Tür auf, und es kommt eine kleine, weißhaarige Dame in den Saal. Sie geht auf das Laufband zu, klopft unserem Sänger liebevoll auf die Schulter und fragt seine Therapeutin: »Und, hat mein lieber Gatte sich heute ein bisschen anständig benommen oder hat er hier alles auf den Kopf gestellt?« Er grinst und antwortet seiner Frau mit einem Augenzwinkern: »Selbstverständlich habe ich mich gut benommen, wie immer.«

Lächelnd hilft sie ihm liebevoll beim Anziehen seines Mantels, dann hakt sie sich bei ihm ein, und gemeinsam verlassen sie den Raum. Er geht aufrecht und mit festem Schritt. Leibliche Übung scheint sich wirklich zu lohnen!

Ein fröhliches Herz fördert die Genesung,
aber ein niedergeschlagener Geist dörrt das Gebein aus.
Sprüche 17,22

23. China

Ich war noch nie in China, obwohl es öfter vorgekommen ist, dass ich fast da war, und zwar in meiner Kindheit.

Wir lebten an der Westküste der Niederlande und waren, sooft es ging, am Meer. Begleitet von unseren Hunden, liefen oder radelten wir durch die Dünen; wir verbrachten Stunden am Strand, suchten Muscheln und Krabben, schwammen im Meer und spielten im Sand.

Unsere Mutter strickte und stickte leidenschaftlich gerne, und während wir unsere Sandschlösser bauten und Grachten aushoben, saß sie neben uns im Sand und fabrizierte wunderschöne Kleider und Jäckchen für meine Schwester und mich. Wir durften bestimmen, welche Muster oder Figuren sie auf die Kleider sticken sollte, was natürlich sehr spannend war. Ich besitze noch immer das Kleidchen, auf dessen Rand sie rundum kleine Marktbuden mit farbigem Obst gestickt hatte, und erinnere mich auch an ein Trägerkleidchen mit Giraffen. Die gleichen Kleider machte meine Mutter dann auch noch als Miniaturausgabe für unsere Puppen. Für ein Kind sind solche Dinge ein absoluter Traum.

Nun fragen Sie sich vielleicht, was das alles mit China zu tun hat? Nun, meine Schwester und ich bauten nicht nur Sandschlösser, wir gruben auch gerne große, tiefe Löcher im Sand. Meiner Mutter konnte das nicht lange genug dauern, denn solange wir beschäftigt waren, hatte sie ihre Ruhe. Und so kam sie eines Tages auf die Idee, uns zu sagen, dass wir, wenn wir eifrig weitergruben, irgendwann China erreichen würden. Sie war eine wunderbare Erzählerin und machte uns mit ihren Geschichten über den Orient richtig »süchtig« nach dieser märchenhaften Welt voller mysteriöser Düfte, wunderschöner Lotusblumen und Essen mit Stäbchen. Und so gruben und gruben wir und dachten dabei an China.

Wenn wir schließlich so tief gegraben hatten, dass unten im Loch Wasser erschien, rief unsere Mutter begeistert, dass wir »fast da« seien. Wir merkten nicht, dass wir fast immer kurz darauf nach Hause gehen mussten. Womit unsere Arbeit immer wieder unvollendet zurückblieb.

Wenn wir dann am nächsten Tag wieder am Strand waren, fing zuerst die vergebliche Suche nach unserem tiefen Loch an. Es war aber jedes Mal von der Flut überströmt und zugeschüttet worden. Wir ließen uns davon nicht einschüchtern, sondern begannen einfach wieder von vorne.

Wir sind nie in China angekommen, aber das Graben haben wir in diesen Jahren nicht aufgegeben. Immer wieder wurden wir hinters Licht geführt und machten dabei mit. Meine Schwester und ich waren nicht dumm; wir liebten die fantasievollen Geschichten unserer Mutter und ahnten schon, dass »China« nur ein Spiel war. Trotzdem spielten wir voller Hingabe mit, denn wir gruben gerne und liebten es, wenn unsere Mutter uns von ihrem Sitzplatz neben dem Picknickkorb voller Leckereien fröhlich anfeuerte. Sobald wir müde waren oder China uns nicht mehr so richtig interessierte, setzten wir uns zu ihr, und sie erzählte uns selbst ausgedachte Geschichten oder las uns vor.

Wenn wir gegen Abend in unserem alten DKW nach Hause fuhren, glitzerte unsere Haut von Sonnenglut und Sandkörnern, und unsere Haare waren verklebt vom Meersalz. Unser Schnauzer Hansel, der keine größere Freude kannte, als sich am Strand in verrottendem Fisch zu wälzen, stank, wenn ihm das gelungen war, sieben Meilen gegen den Wind.

Wir amüsierten uns köstlich, wenn er im Auto vom Rücksitz aus seine Vorderpfoten auf die linke Schulter unserer Mutter legte und seinen Kopf nach vorne streckte, um durchs offene Fenster frische Luft zu schnappen. Der Wind dehnte seine Schnauze dann bis zu den Ohren aus, füllte seine Backen und ließ seinen versalzten Schnurrbart aufrecht stehen. Wir sangen aus voller Kehle und waren glücklich.

Zu Hause wartete die Badewanne. Und am Strand kam die Flut auf …

Das Leben ist ein Geschenk Gottes.
Wer das Genießen und Lachen verlernt, verpasst es.
Noor van Haaften

24. Gott dienen

Es gibt einen Text in der Bibel, der mich immer wieder fasziniert und inspiriert: Der Apostel Lukas schreibt von Frauen, die Jesus dienten mit alldem, was sie besaßen.

Ich frage mich öfters, was das beinhaltete beziehungsweise was sie konkret gemacht haben.

Es hat auf jeden Fall immer wieder Frauen gegeben, die ein Stück weit mit Jesus mitgezogen sind. Vielleicht waren sie nur dann und wann mal ein paar Stunden bei ihm, vielleicht aber auch länger. Vielleicht waren sie sogar täglich da, wenn Jesus sich mehrere Tage lang in ihrer Gegend oder Stadt aufhielt.

Unter ihnen waren solche, denen es möglich war, Jesu Mission finanziell zu unterstützen. Andere haben vielleicht zu Mittag oder am Abend etwas Leckeres für Jesus und seine Jünger vorbereitet oder ihre Kleider gewaschen. Vielleicht haben sie einen Kräutertee angeboten, wenn jemand Kopf- oder Magenschmerzen hatte, oder eine Salbe, mit der man die müden Beine oder Füße einreiben konnte. Vielleicht hat die eine oder andere ihr Haus zur Verfügung gestellt, damit man mal richtig ausruhen konnte.

Eine jede hat einfach das gemacht, was für sie möglich und machbar war. Nicht weniger als das, manchmal sogar mehr als das. Denn was der Evangelist Lukas schreibt, ist, dass die Frauen Jesus dienten mit »ihrer Habe« bzw. mit dem, was sie hatten.* Salome, deren Mann einen Fischereibetrieb führte, war eine solche Frau. Sie wird eine Jüngerin Jesu genannt, wir sehen sie später an Jesu Grab. Ihr größter Dienst bestand sicherlich in ihrer Bereitschaft, ihre zwei Söhne gehen zu lassen. Es waren Johannes und Jakobus, die beide Apostel Jesu wurden. Es muss für Salome und ihren Mann Zebedäus ein großes Opfer gewesen sein, die beiden ziehen zu lassen. Nachdem ihre Jungs sich Jesus angeschlossen hatten, musste Zebedäus den Familienbetrieb ohne sie weiterführen. Salome selbst war offenbar auch öfters abwesend, denn wir sehen sie immer wieder bei Jesus.

Die Schwestern Maria und Martha dienten Jesus auf eine andere Weise: Sie öffneten ihr Haus für ihn und seine

* Lukas 8,3

Nachfolger. Jesus hat seine Jünger in ihrem Wohnzimmer (oder auch in ihrem Hof) unterrichtet, zwischendurch gab es wahrscheinlich öfters etwas Gutes zu essen. Gegen Ende seines Dienstes auf dieser Erde, kurz vor seiner Verhaftung in Jerusalem, hat Jesus mit seinen Jüngern ein paarmal in Bethanien übernachtet. Es ist durchaus möglich, dass er in diesen Fällen dann bei Maria und Martha zu Hause war.

Jesus dienen kann ein jeder mit den Gaben und Möglichkeiten, die er oder sie hat: ein Anruf, um nachzufragen, wie es dem anderen geht. Ein Besuch beim Nachbarn, der alleine ist. Ein Kuchen zum Geburtstag einer Freundin, die es nicht mehr schafft, selbst zu backen. Schneeglöckchen oder Gänseblümchen aus dem Garten, Zwetschgen oder Erdbeeren aus eigenem Anbau. Eine Karte mit einem lieben Gruß. Eine Einladung zu einer Tasse Kaffee, einem Essen, einem Spaziergang. Ein freundliches Wort. Eine Stimme, die nachfragt und tröstet oder ermutigt. Ohren, die zuhören. Ein wenig (oder etwas mehr) Zeit. Geduld.

Man könnte das alles in einem Wort zusammenfassen: Liebe. Das Wunder ist, dass Gott gerade das in uns entwickeln will.

Der Apostel Paulus spricht davon in seinem Brief an die Galater, als er von der Frucht des Geistes redet. Die

Liebe kommt zuerst, sie steht ganz oben auf der Liste, und bei allem, was danach erwähnt wird, ist sie ebenfalls nicht wegzudenken: Es sind Freude, Friede, Langmut, Freundlichkeit, Güte, Treue, Sanftmut und Selbstbeherrschung.* Wenn wir diese Gaben Gottes nicht nur von anderen erwarten, sondern sie selbst in unserer Haltung widerspiegeln, wird es in dieser Welt ein Stück heller werden.

Die Zwölf waren mit ihm,
und auch etliche Frauen, die … geheilt worden waren …
und viele andere, die ihm dienten mit ihrer Habe.
Lukas 8,1–3

* Galater 5,22

25. Mutige Senioren

Wir sind fünf Freunde und haben einen Urlaub auf der Insel Korfu geplant. Zwei von uns haben vor, per Auto von den Niederlanden nach Ancona in Italien zu fahren, von dort per Schiff nach Igoumenitsa auf dem griechischen Festland und dann per Fähre weiter nach Korfu zu reisen. Die anderen drei reisen per Flieger aus Nordirland und England an. Sie finden uns, die per Auto unterwegs sein wollen, mutig und abenteuerlustig. Wir sind ganz ihrer Meinung, denn wir gehören inzwischen zu den Senioren; was wir vorhaben, ist ziemlich beeindruckend. Eine so lange Reise ist ja nicht ohne Risiken oder Gefahren.

Zwar freue ich mich auf diesen Urlaub, dennoch bin ich auch etwas besorgt. Was mich u. a. beschäftigt, ist die Schifffahrt entlang der italienischen Küste. Vor einigen Monaten ist auf einem Schiff dieser Route plötzlich Feuer ausgebrochen. Die Passagiere sind evakuiert worden, dreißig Personen aber haben die Katastrophe nicht überlebt, sie sind ertrunken. Es hat geheißen, dass an ihren Körpern Haifischbisse gefunden wurden.

Haifischbisse, meine Güte! Ich kenne nur Quallenbisse, denn ich bin an der Westküste der Niederlande aufgewachsen, wo ich sowohl am Strand als im Meer öfters Quallen begegnet bin. Wir Niederländer wissen, dass wir mit ihnen rechnen müssen, wenn der Wind von Westen kommt. Wir wissen auch, dass man diesen durchscheinenden Wesen (und ihren Bissen) beim Schwimmen nicht immer ausweichen kann. Meistens bleibt nach einem Zusammenstoß mit einer Qualle nur ein leichtes Brennen auf der Haut zurück, obwohl es auch schlimmer ausgehen kann. Bei Haien geht es aber immer schlimm aus!

Wo sind wir noch sicher?, frage ich mich. Flugzeuge stürzen ab, Schiffe gehen unter, ein Hotel kann von einer Lawine bedeckt oder überfallen werden. In der Küche kann es eine Rattenplage geben, von der die Gäste nichts wissen. Haie gibt es nicht nur weit weg in großen Ozeanen, sie schwimmen sogar in den Gewässern zwischen Italien und Kroatien …!

Wir verbringen die erste Nacht in Freiburg, die zweite in der Nähe von Bologna. In diesen ersten Urlaubstagen im Mai erleben wir ungefähr alles an Wetter, was man erleben kann: Sonnenschein, heftiger Regen und Gewitter wechseln sich ab, beim Gotthardtunnel gibt es sogar Hagel und Schnee. Wir stehen Stunden im Stau und haben in Italien eine heftige Konfrontation an einer Tankstelle, wo man (vergeblich) versucht, uns zu prellen. Dann, endlich, sind wir auf dem Schiff nach Igoumenitsa. Und entdecken dort, dass wir so ziemlich die Jüngsten sind!

Die meisten Schiffspassagiere müssen weit über 70 oder sogar über 80 sein, dennoch haben sie offensichtlich kein Problem damit, mit ihrem Wohnmobil oder Wohnwagen von England oder Deutschland nach Griechenland zu fahren. Einige von ihnen machen das sogar jährlich. Alle lieben das entspannte Leben im Süden Europas, sie wollen die Sonne genießen, in alten Städtchen bummeln, schwimmen, segeln oder einfach faulenzen.

Ein britisches Ehepaar wird samt Hund vier Monate auf der Insel Korfu bleiben. Nur zur Hochzeit ihrer Tochter werden sie für ein Wochenende nach England fliegen. Ein deutsches Ehepaar hat gerade sein Boot nach Korfu bringen lassen, sie werden mit Freunden eine Segeltour machen und die griechischen Inseln besichtigen. Ein Autor hat vor, einige Wochen in einem kleinen Häuschen in einem verschlafenen korfiotischen Dorf an seinem

Manuskript zu arbeiten. Andere bereiten ein Familientreffen vor.

Wir sind baff und fühlen uns klein! Wir sind ja noch keine siebzig und meinten, für unser Alter sehr mutig und abenteuerlustig zu sein. Aber für unsere älteren Mitpassagiere ist das, was wir unternehmen, wirklich nichts Besonderes. Ich denke etwas beschämt an unser übervolles Auto, in dem sogar unsere Kopfkissen einen Platz gefunden haben, damit wir auf jeden Fall gut schlafen können. Und natürlich auch Kaffee, weil wir sehr an unserer vertrauten niederländischen Kaffeemarke hängen. Sogar Lakritz haben wir dabei. Weil es das auf Korfu nicht gibt und wir ohne Lakritz nicht auskommen. Eigentlich ist nichts Abenteuerliches an uns zu entdecken …

Als wir in Igoumenitsa an Land gehen, erwartet uns eine Überraschung: Motorradfahrer aus aller Welt haben sich für ein internationales Treffen versammelt. Unser Auto ist auf einmal umringt von Hunderten Bikern in schwarzen ledernen Hosen, dicken Jacken und schweren Stiefeln. Ihre langen Haare sind zu einem Pferdeschwanz zusammengebunden, ein buntes Tuch bedeckt ihren Mund, die Arme und Hände sind tätowiert, die Augen sind verborgen hinter dunklen Sonnenbrillen.

Es ist, als wären wir in eine völlig andere Welt versetzt worden oder auf dem stillen Meer abrupt in einen heftigen Sturm geraten. Der Lärm der Harleys ist ohrenbetäubend, die Kapriolen der Fahrer sind wild. Hier stehen zahllose ungezähmte Männer mit ihren beeindruckenden, glänzenden Motorrädern zwei gutbürgerlichen Seniorinnen in einem kleinen, schmutzigen und vollgepackten Skoda gegenüber.

Nun wird es doch noch ganz schön abenteuerlich, denn hier müssen wir durch. Und wir beide schaffen das! Wir lassen uns schließlich von dem Schwarm brüllender Motoren nicht einschüchtern, sondern schlagen uns tapfer (wenn auch mit leichten Herzrhythmusstörungen) durch das Getümmel hindurch. Dabei winken wir den Männern links und rechts freundlich zu, auch das! Und wirklich, einige winken zurück! Zwar nur ganz sanft, mit einer winzigen Handbewegung, damit das bei ihren Kumpeln nicht allzu sehr auffällt, aber doch: Sie winken uns zu. Vielleicht grinsen sie dabei hinter ihrem Mundtuch, weil wir in ihren Augen eine so kleine, fade Welt vertreten, während sie die Welt der harten Jungs verkörpern. Dennoch: Freundlichkeit wird von Freundlichkeit erwidert.

Wir atmen erleichtert auf und fahren direkt zum Hafengebiet, von wo uns eine Fähre in wenigen Stunden zur Insel Korfu bringen wird. Dort werden wir bezeugen, dass unsere lange Reise flott und problemlos verlaufen ist. Und dann werden wir mit unseren britischen Freunden das Leben feiern.

Denn … mit meinem Gott kann ich über die Mauer springen.
Psalm 18,30

26. Zum Schweigen gebracht

Ich lernte sie kennen, als ich im Medienbereich tätig war und sie in meine wöchentliche Radiosendung in den Niederlanden als Gast kam. An diesem Tag war das Thema Gastfreundschaft dran.

Das Redaktionsteam, das die Studiogäste für unsere Programme aussuchte, hatte für diese Sendung drei Frauen ausgewählt. Zwei von ihnen waren verheiratet und hatten eine Familie, die dritte lebte allein. Gerade sie war der Redaktion besonders wichtig, weil man, so sagten sie, beim Thema Gastfreundschaft oft eher an Familien denke und bei Alleinstehenden der Verdacht bestehe, dass sie sich lieber von anderen einladen lassen, als selbst einzuladen. Dieses Vorurteil sollte aus der Welt geschafft werden.

Die alleinstehende Frau, die nun zur Gesprächsrunde im Studio eingeladen wurde, war Mitte 40. In dieser Geschichte nenne ich sie Hannah. Sie war eine warmherzige

Person, die auf dem Land aufgewachsen war, nun aber in der Stadt lebte. Sie stammte aus einem warmen Nest und hatte einen sehr guten Draht zu ihren zahlreichen Nichten und Neffen. So wohnte der Sohn eines ihrer Brüder während gut zwei Jahren unter der Woche bei ihr, weil seine Schule sehr weit von seinem Elternhaus entfernt, von ihrer Wohnung aus jedoch gut zu erreichen war.

Auch für Freunde und Bekannte hatte Hannah immer Platz und ein offenes Ohr. Sie lebte alleine, hatte einen Fulltime-Job und doch … doch blieb Zeit und Energie für andere. In unserer Rundfunksendung vermittelte sie auf ansteckende Weise, wie gut Gastfreundlichkeit ist und tut.

Etwa eine Woche nach der Radiosendung rief ich Hannah an, um bei ihr nachzufragen, wie sie die Gesprächsrunde im Studio empfunden hatte. Ich tat das bei den meisten meiner Gäste, weil es immer wieder vorkam, dass Menschen nach der Sendung etwas verunsichert waren und sich fragten, ob ihr Beitrag sinnvoll gewesen sei.

In diesem Telefongespräch ging es aber um ganz andere Dinge. Als ich Hannah fragte, wie es ihr ging, kam eine unerwartete Antwort. Hannah hatte an diesem Morgen eine schlechte Nachricht von ihrem Arzt bekommen. Vor einigen Wochen hatte sie sich wegen einer hartnäckigen

Heiserkeit untersuchen lassen, dann war ein Knoten auf ihrem Stimmband entdeckt und entfernt worden. Man hatte den Knoten untersucht und der Befund war eindeutig: Das Geschwür war bösartig, Hannah war von Stimmbandkrebs betroffen.

Wir kannten uns kaum, dennoch beschönigte sie nichts; sie sagte es mir so, wie es war. Zunächst sollte eine Reihe von 35 Bestrahlungen folgen, sieben Wochen lang, fünf Bestrahlungen pro Woche. Sie musste damit rechnen, dass sie während der Behandlung ihre Stimme verlieren würde. Für eine Zeit, vielleicht auch für immer.

Hannah hat sich mutig durch die Wochen der Bestrahlungen hindurchgekämpft. »Meine ›Strategie‹ war zu überleben«, sagt sie heute. »Als der Arzt mir den Prozentsatz der Menschen nennen wollte, die diese Krebsart überleben, wollte ich das nicht hören, weil ich mich nicht von diesen Zahlen bestimmen lassen wollte. Natürlich war ich unsicher, weil ich nicht wusste, wie sich alles entwickeln würde. Ich hatte aber keine Angst.«

Hannah ist insgesamt sechs Monate »stumm« gewesen. Dass sie so lange nicht sprechen konnte, war sehr herausfordernd und im täglichen Leben alles andere als einfach. Ihre Gastfreundlichkeit wurde in jenen Tagen übrigens nicht auf Eis gelegt, es kamen nach wie vor Freunde zu Besuch. Diese erinnern sich mit Humor, dass sie zu dieser Zeit mehr als sonst geredet haben und dass es ihnen gutgetan hat, dass sie ihre Anliegen ohne Unterbrechung oder Kommentare bei ihrer ›schweigenden Freundin‹ loswerden konnten. Man hat sich auch mal gemeinsam gute Musik angehört oder Filme im Fernsehen angeschaut.

Hannah selbst ist ihr erzwungenes Schweigen zum Segen geworden. Es hat ihr eine innerliche Stille gebracht, die ihr bis heute sehr kostbar ist. »Als ich mich entschied, jeden neuen Tag im Vertrauen auf Gott anzunehmen, kam ein tiefer Frieden auf mich herab«, sagt sie. »Ich wusste, dass der Herr im Leben und im Sterben da ist und dass ich für beides mit ihm rechnen darf.

Rückblickend sehe ich, dass sich der Glaube, mit dem ich ja aufgewachsen bin, in den Monaten meiner Krankheit vertieft hat. In meinen stillen Monaten hat eine lebendige Beziehung mit dem Gott der Bibel und seinem Sohn Jesus Christus begonnen. Mein Leben wurde nun von innen gesteuert antatt von außen. Vorher bekam ich meine Impulse sehr stark von meinem Umfeld, heute ist es Gottes Geist, der mich ›anzündet‹, anspornt und leitet. Ich lebe mein Leben bewusster mit ihm und erfahre, dass die Bibel mir Nahrung, Trost und Wegweisung ist.«

Etwa sieben Monate nach der Krebsdiagnose geschah das Wunder: Hannahs Stimme kam ganz plötzlich zurück und … ist geblieben. »Dass ich wieder sprechen (und singen!) kann, sehe ich als ein großes Geschenk meines himmlischen Vaters«, sagt sie heute. »Er hat mir aber noch mehr geschenkt. Durch den Verlust meiner Stimme verlor ich damals meinen Arbeitsplatz. Ich war selbstverständlich entsetzt, als mir gekündigt wurde, inzwischen aber erkenne ich, dass das kein böses Schicksal, sondern Gottes Führung gewesen ist. Heute kann ich dankbar dafür sein, denn es war etwas Neues dran. Ich habe eine ganz neue Tätigkeit gefunden, die ich als Geschenk Gottes erfahre.«

Hannah lebt nach wie vor in ihrem Apartment in der Stadt. Damals, bei ihren ersten Bestrahlungen, habe ich sie ins Krankenhaus begleitet, inzwischen begleitet sie mich oft, wenn ich als Referentin unterwegs bin.

Im Stillesein und im Vertrauen läge eure Stärke.
Jesaja 30,15

27. Kleines Leben im Garten

Während im Garten meiner Nachbarn seit zwei Wochen mit viel Lärm gegraben und gepflastert wird, ist in meinem Garten ein anhaltendes leises Klopfen zu hören. Ich spitze die Ohren und mache eine Runde und … ja, ich hab's! In meinem grünen Nistkasten an der Garagenwand wird harte Arbeit geleistet.

Ich freue mich, dass sich mein früherer Einsatz gelohnt hat: Ich habe den Kasten nach dem Sommer gründlich gereinigt. Dann, als es im Dezember richtig kalt wurde, habe ich etwas Stroh hineingegeben, damit die eine oder andere Meise darin einen warmen Zufluchtsort findet und im Frühling vielleicht hier sesshaft wird.

Inzwischen ist es Frühling und das Häuschen wurde offensichtlich als Unterkunft für eine kleine Familie auserkoren. Ein Vögelchen ist voll beschäftigt mit der Renovierung des Interieurs. Es ist jeden Tag wirklich stundenlang unermüdlich bei der Arbeit. Warum es dabei so heftig gegen die Innenwand hacken muss, ist mir nicht klar. Der kleine Vogel muss Großes vorhaben, damit er das Weibchen, mit dem er eine Familie gründen will, für sich gewinnen kann.

Nun habe ich ihn dummerweise gestört, indem ich in unmittelbarer Nähe des Nistkastens stehen geblieben bin. Es erscheint ein winziges Blaumeisenköpfchen in der kleinen Öffnung und … *wiiiffff*, weg ist es.

Ach, es ist sowieso Zeit, dass das Vögelchen sich mal ein bisschen Ruhe gönnt, denn es wird langsam dunkel. Ich hoffe nur, dass es nicht vorhatte, im Nistkasten zu übernachten? Und auch, dass es nicht wegbleibt, weil ich ihm Angst gemacht habe.

Die kleine Blaumeise rührt mich. Während ich mit meinem Laptop am Küchentisch sitze und die Nachrichten mir große Weltprobleme auftischen – Terrordrohungen, Amoklauf in einer Schule in den Vereinigten Staaten, ein Mord in Amsterdam, empfindliche Computerdaten, die gehackt wurden, der weltweite Flüchtlingsstrom –, baut ein winziges Vögelchen von etwa 20 Gramm an einem Häuschen für sich und seine Braut.

In absehbarer Zeit wird er ihr eine »*Tour de la Maison*« anbieten, und dann wird klar werden, ob eine gemeinsame Zukunft drin ist. Wenn sie ein Ja dazu findet, werden sie in den grünen Nistkasten einziehen und zuerst noch gemeinsam weiterbauen an der Innenverkleidung ihrer Unterkunft. Das Nest aus Stroh, Moos und Federn wird weiter verfeinert werden, damit die kleinen blau gesprenkelten Eier sicher landen und die etwa zweiwöchige Brutzeit komfortabel und angenehm sein wird.

Das Blaumeisenpaar wird nachher noch etwa drei Wochen lang vierzehn bis sechszehn Stunden am Tag voll damit beschäftigt sein, ihre Jungen mit Insekten, Würmern, Gartenschnecken und Samen zu versorgen. Auch dann wird es ihnen sicherlich guttun, dass sie ein schön ausgestattetes Haus haben, in dem sie dann und wann zur Ruhe kommen können.

Die Nacht ist vorbei, draußen scheint auch der Frühling vorübergehend vorbei zu sein. Es gießt und ist um einige Grad kälter geworden. Im Nachbargarten wird nach wie vor intensiv gearbeitet. Es dröhnen Maschinen, die die Steine auf der neuen Terrasse festdrücken. Das große Loch, über dem einige Jahre ein Trampolin stand, ist mit Erde gefüllt worden, das Trampolin und andere Spielsachen wurden entsorgt. Die Kinder sind groß geworden und spielen nicht mehr im Garten. Für den Sohn wurde vor einiger Zeit an der Rückwand des Hauses ein Basketballnetz angebracht. Die Tochter hat vorläufig keine Zeit zum Spielen, sie muss büffeln, denn morgen beginnen die Examen für den Schulabschluss.

In meinem Garten ist der kleine Blaumeisenmann zu seinem Bauplatz zurückgekehrt. Er ist noch immer am Hacken, vielleicht baut er im grünen Nistkasten eine Zwischenwand, sodass er sich dann und wann zurückziehen kann. Oder er ist dabei, Splitter wegzuhacken, an denen sich sein Weibchen oder die Jungen verletzen könnten. Ab und zu wird tatsächlich etwas aus dem Kasten entfernt, es wird durchs kleine Loch hinausgeworfen oder auch von der Meise im Schnabel weggetragen.

Während ich dieses emsige Treiben von meiner Küche aus belausche, denke ich an die Pilger, die vor Jahrhunderten unterwegs zum Tempel in Jerusalem waren und sich bei der Ankunft über die Sperlinge und die Schwalben freuten, die ihre Nester in den Vorhöfen des Tempels und in der Nähe der Altäre bauten. Nach einem langen Fußmarsch, oft durch dürre Gegenden, muss der Anblick des Tempels und das Zwitschern der Vögel, die sich dort ein Nest gebaut hatten, ein richtiges Aufatmen bedeutet haben. Die Schwalben wurden von ihrem Instinkt immer wieder aus fernen Ländern an diesen sicheren Ort zurückgeführt. Auch die Pilger waren wieder im Haus des Herrn angekommen und das tat unendlich gut.

Heute freue ich mich darüber, dass ich von meiner Küche aus Leben wahrnehme – in und rund um meinen grünen Nistkasten an der Garagenwand. Inmitten der schweren Weltproblematik wirkt dieses kleine, liebliche Leben einfach tröstlich.

Hat doch der Sperling ein Haus gefunden
und die Schwalbe ein Nest für sich,
wo sie ihre Jungen hinlegen kann:
deine Altäre, o Herr der Heerscharen …
Psalm 84,4

Anmerkungen

Folgende Geschichten wurden bereits veröffentlicht:

4. Gibt's hier auch 'nen Vater?, in: »Noor van Haaften: Geschichten für zwischendurch«, SCM R. Brockhaus, 2006

10. Begegnung in England, unter dem Titel »Treue«, in: »Noor van Haaften: Neue Geschichten für zwischendurch«, SCM R. Brockhaus, 2008

11. Willem, in: »Noor van Haaften: Neue Geschichten für zwischendurch«, SCM R. Brockhaus, 2008

17. Nur weitermachen!, in: »Noor van Haaften: Lichter in der Welt«, SCM R. Brockhaus, 2008

Gott entdecken inmitten des Alltags

„Ich hoffe, dass Sie in diesem Buch kleine Schätze finden werden, die Ihnen guttun."

Noor van Haaften

Noor van Haaften mal ganz persönlich. Die Erlebnisse der renommierten Autorin bieten eine Mischung aus nachdenklich stimmendem Tiefgang und humorvoller Leichtigkeit – verbunden mit geistlichen Erkenntnissen. Sie entdeckt das Besondere im Alltäglichen und lädt zu einem authentischen Leben mit Gott ein. Denn wenn wir mit offenen Augen durchs Leben gehen, können wir immer wieder Gottes Spuren entdecken. Dieses Buch spendet wunderbare Lesemomente und macht Lust auf das Abenteuer Glauben.

GerthMedien

Noor van Haaften • Das Kästchen im Kleiderschrank
Gebunden • 144 Seiten • ISBN 978-3-95734-020-7

1. Auflage 2019
Bestell-Nr. 817544
ISBN 978-3-95734-544-8

Umschlaggestaltung: Hanni Plato
Umschlagfoto: Shutterstock
Satz: Greiner & Reichel GmbH, Köln
Druck und Verarbeitung: GGP Media GmbH, Pößneck
Printed in Germany

www.gerth.de